내 영어실력의 강점과 허점을,

내 실력이 생각보다 괜찮다는 것을,

쓸줄 모르면 입으로도 나오지 않는다는 것을

쉽게 쓰는 것이 더 어렵다는 것을,

써보지 않아서 못 쓰게 되었다는 것을

Just Write It!

영어 상상력을 키우는

편지 & 토막소설 쓰기

영어 상상력을 키우는

편지&토막소설 쓰기

저자_ 김지완, 김영욱

1판 1쇄 인쇄_ 2007. 4. 20.
1판 1쇄 발행_ 2007. 4. 30.

발행처_ 김영사
발행인_ 박은주

등록번호_ 제406-2003-036호
등록일자_ 1979. 5. 17.

경기도 파주시 교하읍 문발리 출판단지 515-1 우편번호 413-756
마케팅부 031)955-3100, 편집부 031)955-3250, 팩시밀리 031)955-3111

값은 표지에 있습니다.
ISBN 978-89-349-2515-6 13740

독자의견 전화_ 031) 955-3104
홈페이지_ http://www.gimmyoung.com
이메일_ bestbook@gimmyoung.com

좋은 독자가 좋은 책을 만듭니다.
김영사는 독자 여러분의 의견에 항상 귀 기울이고 있습니다.

영어 상상력을 키우는

편지 & 토막소설쓰기

김지완 · 김영욱 지음

김영사

| 머 릿 말 |

하하하! 반갑습니다.

안녕하세요, Just Write It! 시리즈를 쓴 김지완, 김영욱입니다.

네 권으로 구성된 본 시리즈는 영어로 일기나 편지, 그리고 자기 주장이 있는 글을 정말로 써보고 싶은 분들을 위한 책입니다.

남이 써놓은 글을 읽으면서 나도 그렇게 쓸 수 있겠다고 생각하는 것도, 단어와 문법을 많이 알고 있기 때문에 웬만한 글쓰기를 할 수 있겠다고 짐작하는 것이 아닙니다. 본 시리즈는 정말 그런지, 정말 쓸 수 있는지 실제로 펜을 들고 써보자는 책입니다.

말도 해본 사람이 잘하듯, 글도 써본 사람이 잘 쓰지 않을까요?

소설가라면 타고난 재능과 남다른 상상력, 창의력이 훈련을 통해 빛이 나서 좋은 글이 나오지만, 일기나 편지, 에세이, 자기소개서와 같이 신변잡기적이고 실용적인 글들은 문장가다운 재능이 아니라 각각의 형식에 맞게 자기가 좋을 대로 쓰는 것입니다. 능력이랄 것이 없습니다. 본 시리즈에서 영어로 쓰게 될 글들이 바로 그렇습니다. 직접 써보는 연습이 필요한 것이지, 펜을 잡기도 전에 대단한 공부를 해야 하는 그런 것이 아닙니다.

저희 교재는 혼자서는 해볼 엄두가 나지 않는 영작문 책들과 다릅니다.

지금까지 라이팅 관련 책들은 수도 없이 출판되었고, 독자들의 마음을 들뜨게 하고선 실망만 주었습니다. 그 이유는 라이팅 교재가 아니라 라이팅 교재라는 탈을 쓴 또 하나의 문법책이었기 때문이죠.
저희는 세계적으로 유명한 영어 글쓰기에 관한 책들을 보며 우리 수준에 맞게, 우리의 학습 습관에 맞게 실질적인 글쓰기 능력을 향상시키는 교재 포맷을 연구하여 이 시리즈를 탄생시켰습니다.

문법, 이젠 지겹지 않으세요? 〈3030English〉에서 여러 차례 단언한 것처럼 지금까지 배운 문법만으로도 충분합니다. 그냥 아는 문법과 어휘를 사용하여 자기만의 글을 써보는 건 어떨까요? 하루에 1분이라도 꼬박꼬박 저희와 함께 글을 써봅시다. 정답은 없습니다. 자기가 이해할 수 있게 자기 수준에 맞게 자신감을 가지고 쓰는 것!! 이것이 좋은 글쓰기의 시작입니다. 이 교재는 아주 쉽게 구성되어 있습니다. 너무 깊게 생각하지 마시고 그냥 편한 마음으로 써보세요. 마음이 동하는 대로 펜을 움직이세요.

항상 그렇습니다. 단순함 속에 비밀이 있습니다.

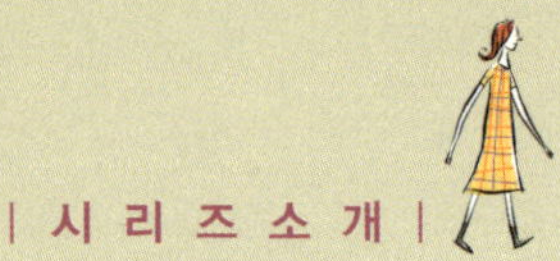

〈Just Write It!〉 시리즈를 소개합니다.
각권은 그 용도에 맞게 어휘, 원어민이 쓴 영문 샘플, 라이팅 튜터가 실려 있습니다. 특히 라이팅 튜터는 어디서도 볼 수 없었던 새롭고 재미있는 내용으로 여러분의 글쓰기를 도와드릴 것입니다.

1권 하루 다섯줄 일기 쓰기

일기 쓰기 책이 시중에 참 많이 나와 있죠?
대부분 문제집처럼 문제를 주고 풀게 시키는 책들이더라구요. 〈하루 다섯줄 일기 쓰기〉의 특징이라면 무엇보다 자기가 자유롭게 일기를 써본다는 것이지요. 글은 써본 사람만이 쓸 수 있습니다. 일기도 역시 써본 사람만이 쓸 수 있죠.
기억하세요!!! 나만의 일기입니다. 그러므로 정답이 없습니다. 자기가 쓰고 이해할 수 있다면 우선은 그것으로 만족하세요.

2권 편지&토막소설 쓰기

이제부터는 상대방을 염두에 두고 쓰는 글을 써볼까요? 1권 일기 쓰기는 일방적인 나만의 글이었잖아요. 상대방에게 쓰는 가장 대표적인 글은 편지입니다. 편지는 크게 두 가지로 나눌 수 있죠. 가까운 사이에 쓰는 것과 회사 등에 보내는 공적인 서신, 이렇게요. 이 두 종류는 쓰는 표현이나 문장형식이 확연히 다르답니다. 잘 눈여겨봐두세요. 그리고 '토막소설 쓰기', 재미있을 것 같지 않나요? 상상의 나래를 펴며 재미있는 글을 만들다보면 나도 모르게 영어 실력이 한 단계 올라 있을 겁니다.

3권 영문이력서 쓰기

취업을 앞둔 여러분, 그리고 직장을 옮길 마음이 있는 분들에게 강력 추천합니다. 판에 박힌 이력서와 자기소개서, 온갖 교재와 인터넷 관련 사이트에 수도 없이 등장합니다. 이런 것을 그대로 단어만 바꿔 썼다가는 좋은 결과를 기대할 수 없겠지요. 이 책에서는 이런 서류들을 작성하는 기본을 익히고, 더 나아가 나만의 톡톡 튀는 이력서와 자기소개서를 하나씩 만들어보도록 합니다.

4권 TOEFL에세이 쓰기

우리가 영어로 글을 쓰는 데 관심을 갖게 된 직접적인 계기가 바로 토플에서 에세이 형식의 라이팅 시험이 필수가 되면서부터였다는 것, 기억하나요? 토플 에세이는 제시되는 논제에 대해 서론, 본론, 결론에 맞추어 자신의 주장을 논리정연하게 쓰는 가장 표준적인 글이랍니다. 여기서는 자기 생각을 전개시키는 방법에서부터 그것을 글로 명료하고도 효과적으로 펼칠 수 있는 길을 제시합니다.

자, 잘 따라오세요.

엄수하자!

하나. 〈Just Write It!〉 시리즈는 '공부한다' 는 생각보다는 '글쓰기 체험을 한다' 는 생각으로 임합니다.

둘. 저자들의 지시를 절대적으로 믿고 따라합니다.

셋. 머리로 깊게 생각하지 말고 떠오르는 대로, 펜 가는 대로 그냥 '무조건' 써 봅니다.

넷. 연습이 중요한 만큼, 하루 1분은 반드시 영어로 글을 씁니다.

다섯. 글은 자기 수준에 맞게 씁니다. 자신이 아는 문법과 단어 수준으로 씁니다. 사전이나 다른 참고서적을 뒤적이지 말고, 이미 아는 것을 활용하는 연습부터 합니다.

| contents |

머리말 4 | 시리즈 소개 6 | 활용법 8

part 1 나만의 편지 쓰기 ········ 10

일러두기 ········ 12
Unit 1 - 13 펜팔편지 ········ 13
Unit 14 - 16 축하편지 ········ 39
Unit 17 - 19 초청편지 ········ 45
Unit 20 - 22 연애편지 ········ 51
Unit 23 - 25 위로편지 ········ 57
Unit 26 - 27 감사편지 1 ········ 63
Unit 28 - 29 안부편지 ········ 67
Unit 30 - 31 감사편지 2, 3 ········ 71
Unit 33 - 34 항의편지 ········ 75
Coffee Break 편지의 맺음말 모음 ········ 81

part 2 원어민 편지에서 한수 배워보기 ········ 82

일러두기 ········ 84
Unit 1 - 20 ········ 85
Coffee Break 편지에서 흔히 쓰이는 문구 ········ 125

part 3 토막소설 쓰기 ········ 126

일러두기 ········ 128
토막소설 하나 #1 - #5 ········ 129
토막소설 둘 #1 - #6 ········ 139
토막소설 셋 #1 - #4 ········ 151
토막소설 넷 #1 - #3 ········ 159
토막소설 다섯 #1 - #2 ········ 165
토막소설 여섯 #1 - #2 ········ 169

마치며 174

PART 1

나만의 편지 쓰기

사적인 편지에서부터

격식을 갖춘 편지까지 골고루 써보기

1.pick your words

여기에는 해당 편지에 쓸 수 있는 표현들이 제시되어 있습니다.

2.create your own

위에 나온 표현들을 사용해 4~6행 정도로 자신의 편지를 씁니다. 쓰면서 하단에 있는 격려의 글을 보며 용기를 얻습니다.

3.check the sample letter

다음 페이지로 넘겨 원어민의 편지를 보고 자신의 것과 비교해봅니다. 그러고 나서 원어민의 편지에서 맘에 드는 표현이 있으면 배워봅니다.

4.writing tutor

글쓰기 요령 및 꼭 필요한 문법 및 어휘에 대한 설명이 들어 있습니다. 머릿속에 잘 새겨두세요.

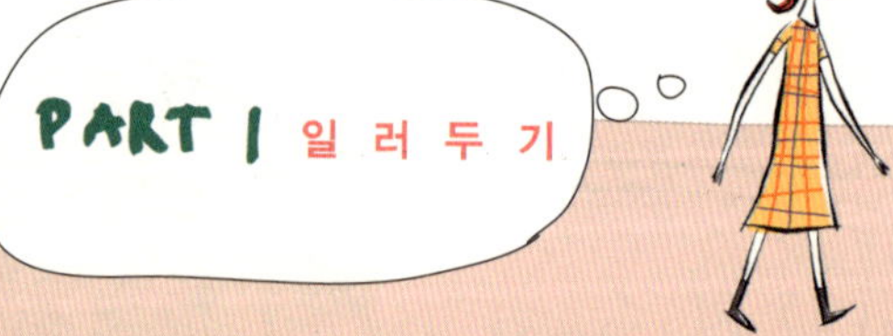

하나의 편지를 도입부와 본문, 맺음말로 여러개 unit으로 나누어 써 봅니다. 이렇게 짧게는 3개 유닛, 길게는 7개 유닛이 끝나면 편지가 완성된답니다. 자, 그럼 시작해볼까요?

1 펜팔 편지 하나 – 도입부

처음 쓰는 펜팔 편지, 와 떨려!

미국에 관심을 갖게 된 동기, 영어선생님을 통해 펜팔 주소를 알게 된 사연으로 편지를 시작해봅니다.

pick your words 이 표현들을 써주세요.

- have always been interested 항상 관심 있어왔다
- the United States 미국
- climate and history 기후와 역사
- a pen pal web site 펜팔 웹사이트

create your own 나만의 편지를 써보세요.

123 Dongkyo-dong, Mapo-gu
Seoul, South Korea 121-200
April 3, 2007

Dear Anna,

✓ 당신은 할 수 있습니다! 하루에 1분만 투자하세요!

check the sample letter 원어민이 쓴 편지입니다.

123 Dongkyo-dong, Mapo-gu
Seoul, South Korea 121-200
April 3, 2007

Dear Anna,

I have always been interested in the United States. Naturally, I have read about it in my textbooks, but only about its climate and history. I would like to know more about your country and its people. I was given your address by my English teacher. He found it on a pen pal web site.

애나에게
저는 늘 미국에 관심이 있었어요. 자연스럽게 저는 교재에서 미국에 관한 글을 읽어왔지만, 기후와 역사에 관한 것뿐이었죠. 미국과 미국 사람들에 대해 더 많이 알고 싶어요. 당신의 주소는 제 영어선생님께 받았어요. 선생님은 펜팔 웹사이트에서 찾으셨죠.

• textbook 교재, 교과서 • country 나라, 국가 • address 주소

writing tutor 우선 왼쪽 상단을 보면 주소가 나와 있지요? 이것은 보내는 사람의 주소예요. 영어로 편지를 쓸 때는 흔히 편지지에도 주소를 쓴답니다. 특히 공식적인 편지라면 반드시 필요해요. 주소와 날짜 쓰는 법을 잘 봐두세요. 이런 형식은 꼭 알고 있어야 합니다.

2 펜팔 편지 하나 – 본문

자기 소개를 해봐요.

나이와 성별, 직업 그리고 취미 등을 소개해보세요.

pick your words 이 표현들을 써주세요.

- attend 다니다
- college/university 대학
- major 전공하다
- hobby 취미
- enjoy 즐기다

create your own 나만의 편지를 써보세요.

I am twenty-three years old

✓ 자신만의 글을 쓸 수 있다는 것, 짜릿하지 않나요?

check the sample letter 원어민이 쓴 편지입니다.

I am twenty-three years old and I attend Hankook University. I major in English literature. My hobbies are dancing, shopping, and reading. I also enjoy watching movies and listening to music.

저는 스물세 살이고 현재 한국대학교에 다니고 있습니다. 전공은 영문학입니다. 제 취미는 춤과 쇼핑, 독서입니다. 영화 보고, 음악 듣는 것도 좋아합니다.

• English literature 영문학

writing tutor 펜팔 친구를 사귀기 위해서 자신을 소개하는 내용이에요. 처음엔 단순하고 간결한 문장을 여러 개 써 보세요. 여기서는 동사의 -ing형이 많이 쓰인 걸 알 수 있어요. 동사의 -ing은 우리말의 '~하기'와 마찬가지로, 동사를 명사처럼 쓸 수 있게 해주죠. 그리고 enjoy와 같은 동사는 '~하는 걸 즐긴다'고 할 때 항상 -ing형을 쓰는 것도 잊지 마세요.

3 펜팔 편지 하나 – 맺음말

편지를 마무리해보자.

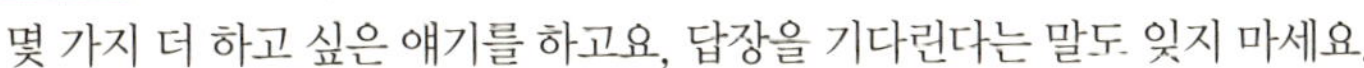

몇 가지 더 하고 싶은 얘기를 하고요, 답장을 기다린다는 말도 잊지 마세요.

pick your words **이 표현들을 써주세요.**

- serve in the military 군복무하다
- would like to ~하고 싶다
- pet 애완동물
- hear from ~로부터 소식을 듣다

create your own 나만의 편지를 써보세요.

I live with

Your pen pal,

Mee-yeon Kim

✓ 어렵게 생각하지 마세요~ 쉬운 것부터 시작하세요!

check the sample letter 원어민이 쓴 편지입니다.

I live with my parents and one brother. My brother is currently serving in the military. I don't have any pets, but I would like to own a dog.

I would be very happy to hear from you soon and to learn about your country. I hope I can help you in the same way.

Your pen pal,

Mee-yeon Kim

저는 부모님 그리고 남동생 하나와 함께 살고 있습니다. 남동생은 현재 군복무중이에요. 애완동물은 없지만 개를 한 마리 갖고 싶어요.

당신에게 소식을 듣고, 미국에 대해 알게 된다면 정말 기쁘겠습니다. 마찬가지로 저도 당신에게 도움이 될 수 있으면 좋겠네요. 김미연

• currently 지금은, 현재는 • own 소유하다

writing tutor 이렇게 펜팔 친구를 만드는 것은 다른 문화에 대해 알 수 있는 좋은 기회일 뿐 아니라, 우리 문화를 소개할 수도 있답니다. 그리고 무엇보다 영어 실력을 향상시킬 수 있는 절호의 찬스라는 것! 꼭 편지가 아니더라도, 이메일을 주고받는 것도 아주 좋은 방법일 듯 싶습니다. 여러분도 적극 활용해보세요~!

4 펜팔 편지 둘 – 도입부

와, 애나의 답장이에요!

애나가 한국 문화에 대해 관심을 보이고 있네요. ^^

pick your words **이 표현들을 써주세요.**

- glad to ~해서 기쁜
- pen pal 펜팔
- Asia 아시아
- interested in ~에 관심 있는

create your own 나만의 편지를 써보세요.

234 Maple Street
Ann Arbor, Michigan 3322 U.S.A.
April 15, 2007

Dear Mee-yeon,

✓ 친구에게 한번 영어로 편지나 엽서를 써보세요~!

check the sample letter 원어민이 쓴 편지입니다.

234 Maple Street
Ann Arbor, Michigan 3322 U.S.A.
April 15, 2007

Dear Mee-yeon,

Thank you very much for your letter. I am glad to have such a nice pen friend as you. I was hoping to have a pen pal from Asia. I am very interested in Asian culture –especially Korea.

미연에게
편지 정말 고마워요. 당신처럼 좋은 펜팔친구를 갖게 되어 기쁩니다. 아시아에 펜팔친구가 있었으면 했어요. 저는 아시아 문화, 특히 한국에 관심이 많답니다.

• culture 문화 • especially 특히

writing tutor '편지 잘 받았어요.'라고 할 때 흔히 첫 문장처럼 Thank you very much for your letter.라고 써요. 우리말을 그대로 옮겨서 I received your letter well.은 영 어색하답니다. 영어식 사고에 익숙해지는 것, 영어 글쓰기에서 정말 중요한 부분입니다. 문장 하나하나 가볍게 넘기지 마시고, 잘 눈여겨보세요.

5 펜팔 편지 둘 – 본문

애나가 자기 취미에 대해 쓰고 있어요.

간단한 자기소개와 취미, 좋아하는 과목을 알려주세요.

pick your words **이 표현들을 써주세요.**

- senior 최상급 학년
- favorite subject 가장 좋아하는 과목
- attend 다니다
- recommend 추천하다

create your own 나만의 편지를 써보세요.

I am eighteen years old

✓자신의 글은 곧 자신의 얼굴!
잘 쓰려고 노력해야겠죠? *^^*

check the sample letter 원어민이 쓴 편지입니다.

I am eighteen years old and I am a senior at Huron High School. I hope to attend a good university next year. My hobbies are tennis, reading, and watching TV. My favorite subject in school is history. Since you are an English literature major, you must have read a lot of books. Can you recommend some books for me?

저는 열여덟 살이고, 휴런 고등학교 3학년이에요. 내년에 좋은 대학에 진학하길 희망하고 있죠. 취미는 테니스, 독서, TV 보기예요. 학교에서 제일 좋아하는 과목은 역사고요. 당신은 영문학 전공이니, 책을 많이 읽었을 거예요. 저에게 책을 좀 추천해줄래요?

• literature 문학 • major 전공자; 전공하다 • must have + 과거분사 ~했음이 틀림없다

writing tutor 두 번째 문장을 보면 I hope to...라는 표현이 나오지요. hope는 '바라다, 희망하다'라는 뜻이죠. 우리가 알고 있는 같은 의미의 영어 단어가 하나 더 있어요. 바로 wish죠. 그럼 wish와 hope는 뭐가 다를까요? wish는 이루어지기 힘든 일에 쓴답니다. hope는 무난하게 쓸 수 있고요. 그래서 I wish I was rich.(내가 부자면 얼마나 좋을까.)처럼 말할 때 쓴다는 것, 잊지 마세요.

펜팔 편지 둘 – 맺음말

애나의 편지 끝부분이에요.

미국에 대해 궁금해하는 펜팔친구에게 뭐든 물어보라고 하세요.

pick your words **이 표현들을 써주세요.**

- kinds of music 음악의 종류
- movie theater 극장
- own a dog 개를 소유하다
- send you my best wishes (편지의 끝에) 행복을 빌다

create your own 나만의 편지를 써보세요.

I like to

Yours,

Anna Smith

✓자신에 대해 소개하는 것, 이제는 별로 어렵지 않죠? *^^*

check the sample letter 원어민이 쓴 편지입니다.

I like to listen to all kinds of music. Sometimes I go to the movie theater with my friends. I don't have any pets. But I'm hoping to own a dog in the future.

If there is anything you would like to know about America, please ask me. I am sending you my best wishes.

Yours,

Anna Smith

저는 음악을 가리지 않고 즐겨 들어요. 가끔 친구들과 영화관에 가기도 해요. 저도 애완동물은 없어요. 그렇지만 앞으로 하나 갖게 되었으면 해요.
미국에 대해 알고 싶은 것이 있으면 무엇이든 물어보세요. 그럼 좋은 일만 있길 바라며.
애나 스미스

• in the future 앞으로, 장차

writing tutor I am sending you my best wishes. 같은 표현, 설마 생소하진 않으시죠? *^^* 이 편지의 Yours, 자리에 Best wishes,라고 할 수도 있고요, All the best, 또는 Sincerely,라고도 할 수 있답니다. 이런 맺음말은 편지의 성격, 편지를 받는 대상에 따라 실로 다양하죠. 차차 좀더 익혀보도록 합시다.

7 펜팔 편지 셋 – 도입부

또 다른 친구의 펜팔 편지예요.

펜팔을 맺게 되어 흥분되고 기대된다는 표현을 해볼까요?

pick your words 이 표현들을 써주세요.

- excited 흥분된
- look forward to ~을 학수고대하다
- be born in ~에서 태어나다
- live 살다

create your own 나만의 편지를 써보세요.

P.O. Box 221230
Chicago, Illinois 3221 U.S.A.
March 25, 2007

Dear Pen Pal,

✓ 멋지게 자신을 소개하는 편지를 써보세요~!
그만큼 영어실력도 멋있어질 걸요?

check the sample letter 원어민이 쓴 편지입니다.

P.O. Box 221230
Chicago, Illinois 3221 U.S.A.
March 25, 2007

Dear Pen Pal,

Hi! My name is Marie. I am very excited about being your pen pal. I am looking forward to getting to know you! Let me start by telling you about myself. I was born in California. That's on the West Coast. Now I live in Chicago with my husband and three children.

안녕! 내 이름은 마리야. 너의 펜팔이 된다니 너무 흥분된다. 그리고 너를 알게 되는 것이 기대돼! 우선 나에 관해 얘기할게. 나는 캘리포니아 주에서 태어났어. 캘리포니아는 서부 해안에 있어. 지금은 남편이랑 세 아이와 함께 시카고에서 살고 있지.

• get to ~하게 되다 • let me + 동사원형 ~할게 • coast 해안

writing tutor 주소를 영어식으로 적는 법을 구체적으로 짚어볼까요? 우리나라에서는 '경기도 군포시 당정동 번지 호수' 식으로 큰 단위에서 작은 단위로 이어지는 데 반해, 영어권 국가에서는 '작은 단위', 즉 번지수부터 시작됩니다. 우리와는 정반대인 셈이죠. 참고로 zip code 혹은 postal code는 '우편번호'예요. 우리나라에서도 잊지 말고 적어야 합니다. 보통은 국가이름 앞에 적는답니다.

8 펜팔 편지 셋 – 본문 1

주부인 마리의 자기소개가 이어지는군요.

전직교사 출신인 마리는 전업주부 생활이 아주 만족스러운 모양이에요.

pick your words 이 표현들을 써주세요.

- used to be ~였다
- full-time 전업의
- rewarding 보람 있는
- best part of the day 하루 중 최고의 시간

create your own 나만의 편지를 써보세요.

✓ 누군가를 알아간다는 건 행복한 일이죠?
영어를 알아간다는 것도요~!

check the sample letter 원어민이 쓴 편지입니다.

I used to be a teacher. Now I am a full-time mom. I feel that being a mother is very rewarding. I love spending time with my kids! It is the best part of my day. What is your favorite part of the school day?

나는 예전에 교사였어. 지금은 전업주부야. 엄마가 되는 건 정말 보람 있는 일인 것 같아. 우리 아이들과 함께 보내는 시간이 너무 좋아! 나의 하루 중 가장 즐거운 때지. 학교생활에서 네가 가장 좋아하는 건 뭐니?

- spend (시간, 돈 등을) 쓰다 • favorite 가장 좋아하는

writing tutor 전업주부를 a full-time mom이라고 표현했네요. housekeeper라고 쓰는 분들이 간혹 있는데, 이 표현은 집안일을 도와주는 '도우미 아주머니'를 뜻해요. 요즘 '주부'는 좀더 전문적인 직종으로 여겨져서 a domestic engineer라고도 많이 한답니다. 혹시 주부님이라면 한번 사용해보세요~!

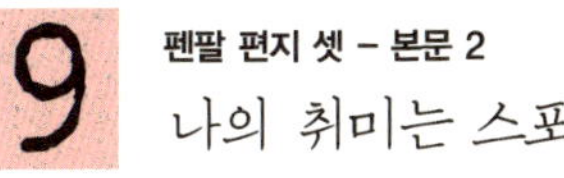

9 펜팔 편지 셋 – 본문 2

나의 취미는 스포츠야.

마리 아줌마는 아외활동을 매우 즐긴다는군요.

pick your words **이 표현들을 써주세요.**

- love to ~하고 싶다
- hiking 하이킹
- summer 여름
- a lot of fun 아주 재미있는

create your own 나만의 편지를 써보세요.

✓ 위의 표현들과 머릿속에 떠오르는 단어들을 이용해서 자신만의 편지를 써보아요~!

check the sample letter 원어민이 쓴 편지입니다.

I love to be outside when I am not at work. I go hiking in the summer. I also love water sports. Water skiing and swimming are a lot of fun! What do you like to do when you're not at school?

나는 일하지 않을 때는 야외에 있는 것을 정말 좋아해. 난 여름에는 하이킹을 간단다. 수상 스포츠도 진짜 좋아하지. 수상스키와 수영은 너무 재미있어! 너는 학교에 안 가는 날에는 뭐 하는 거 좋아하니?

• at work 일하러 나가, 직장에 • go hiking 하이킹 가다

writing tutor 취미를 말할 때 단순히 my hobbies are라고 시작하는 것보다 I like to do something, I love to do something이라고 해보세요. 같은 말도 다양하게 표현하는 연습이 필요하답니다.

펜팔 편지 셋 – 맺음말

책은 마음의 양식

자기 얘기를 하면서 중간중간 상대에게 질문을 던져보세요. 그 안에는 답장을 기다린다는 의미가 담겨 있잖아요.

pick your words **이 표현들을 써주세요.**

- a good way to ~하기 위한 좋은 방법
- look forward to -ing ~하는 것을 학수고대하다
- write back 답장 쓰다

create your own 나만의 편지를 써보세요.

Sincerely,

Marie

✓ 자신만의 글을 쓸 수 있다는 것!
정말 멋지지 않나요? *^^*

check the sample letter 원어민이 쓴 편지입니다.

I also love to read books, and also think books are a good way to meet new people. I am really looking forward to discussing books with you in our letters. What do you like about books? Write me back soon and tell me all about yourself!

Sincerely,

Marie

나는 책 읽는 것도 좋아해. 책은 새로운 사람들을 만날 수 있는 좋은 수단인 것 같아. 우리 편지에서도 책에 대한 의견을 나눌 수 있게 되면 정말 좋겠어. 너는 책의 어떤 점이 좋니? 답장해 줘. 그리고 너에 대해 모든 것을 알려줘. 마리

writing tutor 영어를 통해서 이렇게 새로운 사람에 대해 알아갈 수 있으니 정말 즐겁지 아니한가요? 꼭 이렇게 원어민 친구가 아니어도, 공부삼아 주변의 친구들과 함께 시도해보세요. 틀리거나 어색한 부분이 있나 서로 점검도 해보고요! 일상 속에서 영어를 생활화하는 것! 영어 실력을 향상시키는 가장 좋은 방법입니다.

11 펜팔 편지 넷 – 도입부

마리의 편지에 대한 답장이에요.

책을 읽고 의견을 교환하는 데 대찬성이라고 얘기해보세요.

pick your words 이 표현들을 써주세요.

- be great friends 좋은 친구가 되다
- tell you about myself 너에게 나를 소개하다
- live in ~에 살다
- work for ~에서 일하다

create your own 나만의 편지를 써보세요.

732 Madu-dong Ilsan-gu
Goyang-shi Gyeonggi-do 410-350
April 1, 2007

Dear Marie,

✓ 아직 자신만의 글을 쓰는 것이 어렵다면~
누군가가 쓴 글을 모방해 보세요 ^^*

check the sample letter 원어민이 쓴 편지입니다.

732 Madu-dong Ilsan-gu

Goyang-shi Gyeonggi-do 410-350

April 1, 2007

Dear Marie,

Hi! I am very excited that we are going to read books and write about them this year! I think we will be great friends. Before we start reading, let me tell you about myself. I live in Ilsan which is near Seoul, and I work for a company that makes new computer programs.

안녕! 올해 우리가 책을 읽고 그것에 관해 글을 쓴다고 생각하니 너무 기대돼! 우리는 좋은 친구가 될 것 같아. 독서를 시작하기에 앞서, 나에 관해 얘기할게. 나는 서울 근교인 일산에 살고, 컴퓨터 프로그램을 만드는 회사에서 일해.

writing tutor Let me tell you about myself.는 상대방에게 자신을 소개할 때 흔히 쓸 수 있는 표현이죠. 또 I will tell(introduce) you about myself. 혹은 Do you know more about me?라고 자연스러운 질문을 통해서 자신을 소개할 수도 있습니다.

펜팔 편지 넷 – 본문

자기 직업에 대해 얘기하고 있네요.

직업, 가족 사항을 설명한 후에 영화를 즐겨 본다고 말해보세요.

pick your words 이 표현들을 써주세요.

- my job 나의 직업
- when I'm not working 일하지 않을 때
- do different things 다른 일을 한다
- tell me about 나에게 ~에 대해 이야기하다

create your own 나만의 편지를 써보세요.

✓ 이제 슬슬 샘플 편지들이 너무 쉬운 것 같지 않나요?
마음껏 써보아요~! *^^*

check the sample letter 원어민이 쓴 편지입니다.

My job is to explain how I think we can improve the programs. I also inform others of any problems I find with the programs. When I'm not working, I like to do lots of different things. I have three sisters. We like to go to movies together. Tell me about your family. What do you like to do together?

내 일은 프로그램을 어떻게 개선시킬 수 있는지에 관해 설명하는 거야. 사람들에게 프로그램에서 발견한 문제점들을 알려주기도 해. 일하지 않을 때는 여러 가지 일들을 즐겨. 나에게는 세 명의 누나가 있어. 함께 영화 보는 것을 좋아하지. 네 가족들에 대해서도 말해줘. 너는 (가족들과) 함께 뭐 하는 거 좋아하니?

- explain 설명하다 • improve 향상시키다, 개선하다 • inform 알리다
- go to movies 영화 보러 가다

writing tutor 수다스러울수록! 영어는 늡니다. 작문도, 회화도, 심지어 리스닝도 마찬가지랍니다. 그렇다고 길게 써야 한다는 부담은 갖지 마세요. 할 수 있는 만큼만 표현하려고 노력해보세요.

13 펜팔 편지 넷 – 맺음말
자신의 경험을 얘기하고 있네요.

취미인 여행 얘기를 하다가, 공통의 관심사인 책에 대한 이야기로 끝맺어봅니다.

pick your words **이 표현들을 써주세요.**

- travel 여행하다
- what kind 어떤 종류
- write back and forth 편지를 주고받다

create your own 나만의 편지를 써보세요.

Truly yours,

Tae-ho

✓ 하고 싶은 말을 마음속에만 담아두지 말고,
영어로 표현해보세요!

check the sample letter 원어민이 쓴 편지입니다.

I also like to travel to other countries. I even climbed the tallest mountain in Africa! No matter where I am, though, I always love to read new books. My favorite books are mysteries where the author makes a puzzle that you have to figure out. What kind of books do you like to read? Why? I'm looking forward to writing back and forth about the books we read.

Truly yours,

Tae-ho

나는 다른 나라를 여행하는 것도 좋아해. 아프리카에서 가장 높은 산도 등반했다니깐! 난 어디에 있든지, 늘 새로운 책을 즐겨 읽어. 내가 가장 좋아하는 책은 작가가 독자에게 풀어야 할 수수께끼를 던지는 미스터리야. 너는 어떤 장르의 책을 좋아하니? 그 이유는 뭐야? 앞으로 우리가 읽은 책에 대해 편지를 주고받는 것을 기대해. 태호

• climb (산 등을) 오르다 • though 그렇지만, 하긴 • author 작가 • figure out 알아내다

writing tutor 원어민들은 love라는 말을 참 잘 써요. 꼭 사람을 사랑하는 게 아니라 어떤 일이나 사물을 아주 좋아할 때도 즐겨 쓰거든요. 하지만 해석할 때 유의해야 해요. I love your shirt.라고 하면 '난 네 셔츠를 사랑해.'가 아니라 '네 셔츠 참 마음에 든다.'가 적절하답니다.

14 축하편지 – 서두

자격증 딴 것을 축하합니다.

이제부터는 다양한 종류의 편지를 써봐요. 여기서는 격식을 갖추어 학위 취득을 축하해봅니다.

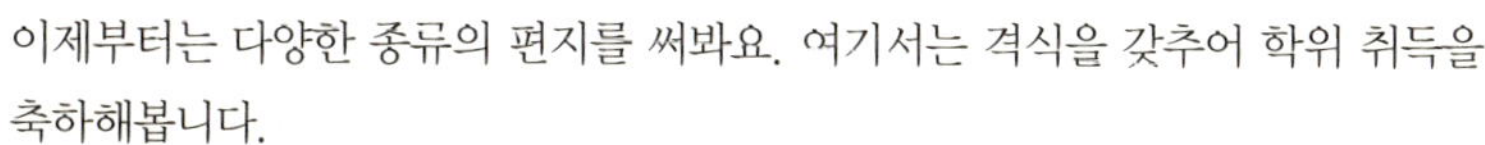

pick your words 이 표현들을 써주세요.

- on behalf of ~ 대신에, 대표해
- sincerely congratulate 진심으로 축하하다
- recent graduation 최근의 졸업
- commend 칭찬하다
- hard work 노고

create your own 나만의 편지를 써보세요.

July 25, 2006
Belinda Ash
620 May Ave.
Pine, WV 24874

Dear Belinda:

✓ 너무 조바심내지 마세요.
조만간 여러분도 원어민처럼 쓸 수 있습니다~!

check the sample letter 원어민이 쓴 편지입니다.

July 25, 2006
Belinda Ash
620 May Ave.
Pine, WV 24874

Dear Belinda:

I am writing this letter on behalf of everyone here at DC Co. Ltd. I would like to sincerely congratulate you on your recent graduation from FF University with an MBA. I would like to commend you on your hard work.

벨린다 씨, 저는 이곳 DC사에 있는 사람들을 대표해 이 편지를 씁니다. FF대학교에서 MBA를 취득하신 것에 진심으로 축하드리는 바입니다. 당신의 노고에 대해 찬사의 말씀을 드립니다.

- **MBA** 경영학 석사(Master of Business Administration)

writing tutor 형식이 조금 다르지요? 이제부터는 좀더 격식을 갖춘 편지들을 접하게 될 거예요. 눈여겨 봐두시고 직접 한 번 써보세요! 그리고 표현 하나 챙겨볼까요? 2번째 문장에서처럼 '~에 대해 축하하다'라는 의미로 congratulate on을 써요. 이렇게 유용한 표현을 문장 안에서 하나씩 챙겨보도록 해요.

15

감사편지 – 본문

앞으로 큰 발전이 있을 것임을 확신합니다.

회사를 그만두고 새로운 길을 가게 되는 벨린다에게 격려의 말을 해주세요.

pick your words 이 표현들을 써주세요.

- note 알아차리다
- attribute 속성, 특성
- contribute 공헌하다
- bright 똑똑한
- wide-open future 활짝 열린 미래
- combine 결합시키다

create your own 나만의 편지를 써보세요.

✓힘들다고요~! 제가 어깨 두드려드릴게요~!
Keep it up, Everybody! 꾸준히 하세요!

check the sample letter 원어민이 쓴 편지입니다.

During your time at our company, I noted how bright you are and how you have a very quick mind for business. Combine those attributes with your determined work ethic and commitment to quality customer service, and it is obvious that you have a wide-open future ahead of you. I can only hope that your experience working with us contributed in some small way to your success.

당신이 우리 회사에 근무할 때, 저는 당신이 얼마나 명석하고 어떻게 사업상 머리 회전이 빠른지 주목했습니다. 이러한 자질들이 당신의 결연한 업무 윤리와 질 높은 소비자 서비스를 위한 헌신에 결합시키십시오. 그러면 당신은 활짝 열린 미래를 맞이하게 될 것이 분명합니다. 우리 회사에서의 경력이 당신의 성공을 위한 작은 길이 될 수 있기만을 희망합니다.

• determined 결연한, 단호한 • ethic 윤리 • quality 훌륭한, 높은 품질의 • obvious 분명한

writing tutor 공식적인 문서이다 보니 일상회화체보다는 격식을 차리는 상황에서 사용되는 단어, 예를 들어 attribute나 ethic, commitment 같은 것들이 많이 등장하지요? 문어적인 표현들이 편지에서 자주 쓰인다는 것, 기억해두세요~^^*

16 감사편지 – 맺음말

행운을 빕니다.

벨린다에게 행운을 빌며 편지를 마무리하세요.

pick your words **이 표현들을 써주세요.**

- wish you all the best 당신에게 행운이 깃들기를 바라다
- endeavor 노력
- work together 함께 일하다

create your own 나만의 편지를 써보세요.

Yours sincerely,

Bruce Atkinson

President and CEO

✓ 이렇게 영어로 편지를 써서
친구들과 주고받아 보아요!

check the sample letter 원어민이 쓴 편지입니다.

On behalf of the management and staff at DC, I wish you all the best in your future career and life endeavors, whatever they may be. Hopefully, in the future we will be able to work together in our respective fields.

Yours sincerely,

Bruce Atkinson

President and CEO

DC의 임직원을 대표하여 장차 당신의 이력과 삶을 향한 노력에 있어서 그것이 무엇이든 행운이 깃들기를 바랍니다. 바라건대 앞으로 우리는 각자의 분야에서 함께 일할 수 있기를 희망합니다. 브루스 애킨슨/회장 겸 CEO

• **the management** 경영진 • **staff** 직원 • **career** 직업, 경력 • **respective** 각자의, 저마다의 • **field** 분야

writing tutor 끝인사를 하고 있죠? I wish you all the best in your future... 역시 아주 유용하게 사용할 수 있는 문장입니다. 여기에는 '당신에게 행운이 깃들기를' 과 함께 '그럼 안녕히' 라는 인사의 뜻이 내포되어 있죠. 이런 부분은 읽기와 쓰기 연습을 열심히 해서보다는 영문을 많이 접해보는 것을 통해서 익숙해질 수 있습니다.

17 초청편지 – 서두

누군가를 초대해볼까요?

다가오는 회의에 기조연설자로 초청하는 편지에요.

pick your words **이 표현들을 써주세요.**

- purpose 목적
- keynote speaker 기조연설자
- formally invite 정식으로 초대하다
- theme of the conference 회의의 주제

create your own 나만의 편지를 써보세요.

August 15, 2006
Mr. Dick Clark
Executive Director
Children's Foundation
430 Smith Drive
Chicago, IL 3295

Dear Mr. Clark:

✓ 중요한 사람을 초대하는 상황을 머릿속에 그려보세요~!

check the sample letter 원어민이 쓴 편지입니다.

August 15, 2006
Mr. Dick Clark
Executive Director
Children's Foundation
430 Smith Drive
Chicago, IL 3295

Dear Mr. Clark:

The purpose of this letter is to formally invite you, on behalf of the Board of Directors, to be the closing keynote speaker at the upcoming 2006 Conference. The theme of this conference is "Children Are Our Future". It will be held at our Conference Facility in New York City, from October 23 to 25, 2006.

클락 씨, 이 편지를 쓰는 목적은 이사회를 대표해 다가오는 2006 회담의 폐회식 기조 연설자로 당신을 공식 초청하기 위한 것입니다. 이번 회의의 주제는 '어린이는 우리의 미래다'입니다. 회의는 2006년 10월 23일부터 25일까지 뉴욕에 있는 저희 회담장에서 개최될 것입니다.

• **director** 이사, 감독 • **upcoming** 다가오는 • **be held** 열리다 • **facility** 시설

writing tutor 첫 문장 The purpose of this letter is to formally invite you...를 보면 to부정사는 '~하는 것'이라는 의미로 쓰입니다. 다시 말해 '이 편지의 목적은 ~하는 것이다'란 의미죠. to부정사가 명사처럼 쓰인 경우예요. to부정사의 다양한 쓰임에 익숙해지면 영어 글쓰기를 하는 데 아주 유용하답니다.

초청편지 – 본문

18 초청하는 분께 행사에 대해 소개합니다

회의의 규모 등 초청자가 알아야 하는 부분을 설명하세요.

pick your words 이 표현들을 써주세요.

- for your information 참고가 되도록
- forward a draft 초고를 전달하다
- expect attendance 참석을 기대하다, 예상하다

create your own 나만의 편지를 써보세요.

✓하루에 1분만 투자하면 됩니다! 이것도 못하면 안 돼요!
영어 잘하고 싶은 거 맞잖아요~.

check the sample letter 원어민이 쓴 편지입니다.

For your information, James Garagua of UNICEF will be the opening keynote speaker. We will forward a complete draft of the program to you to give you an idea of the specific subjects that will be covered by the other speakers. We expect attendance this year to be the highest ever: in the area of 100 delegates and 10 speakers. This includes a large contingent from our new Asian branch that is based in Korea.

참고 삼아 말씀드리면, 유니세프의 제임스 가라구아 씨가 개회식 기조 연설을 할 것입니다. 귀하께서 다른 연설자들이 맡을 특정 주제에 관해 알 수 있도록 프로그램의 완전한 초안을 보내드리겠습니다. 우리는 올해 참석률이 사상 최고로 높을 것으로 예상하고 있습니다. 100명의 대표단과 10명의 연설자 규모입니다. 한국에 사무소를 둔 새로운 아시아 지소에서 대규모 파견단도 올 것입니다.

• complete 완전한, 완벽한 • specific 특정한 • subject 주제 • contingent 파견단, 대표단

writing tutor for your information이라는 표현은 상당히 자주 쓰이고, 또 그만큼 유용합니다. '참고가 되도록' 이라는 의미로 이처럼 공식적인 편지나 글에서 흔히 볼 수 있답니다. 역시 공식적인 내용이기 때문에 send와 같은 일반적인 표현 대신 forward가 사용된 걸 볼 수 있네요.

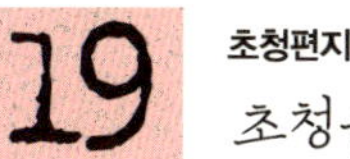

초청편지 – 맺음말

초청을 수락해주십시오.

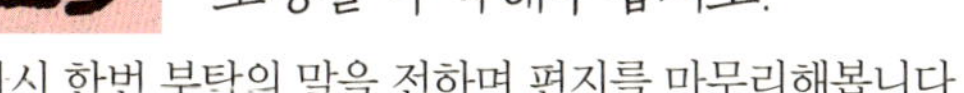

다시 한번 부탁의 말을 전하며 편지를 마무리해봅니다.

pick your words **이 표현들을 써주세요.**

- in closing 마치며(마지막으로)
- pleased and honored 기쁘고 영광스러운
- consent 동의하다
- a great success 큰 성공

create your own 나만의 편지를 써보세요.

Yours sincerely,

David Hope

Executive Director

International Children Research Institute

✓ 격식을 갖춘 글이라 조금 어렵지요?
힘든 만큼 그 결실은 값질 겁니다.

check the sample letter 원어민이 쓴 편지입니다.

In closing, we would be pleased and honored if you would consent to be the closing speaker at our conference. We believe that your presence would make it a great success.

I will call you in a week to follow up on this.

Yours sincerely,

David Hope

Executive Director

International Children Research Institute

끝내기에 앞서, 우리는 귀하께서 회의의 폐회식 연사가 되는 것에 동의해주시면 기쁘고 영광이겠습니다. 귀하의 참석이 우리 회의를 성공적으로 만들 것으로 믿습니다.
제가 이 건에 대해 일주일 후에 연락드리도록 하겠습니다.
데이비드 호프 / 상임이사 / 국제 어린이 연구소

• presence 참석, 출석 • follow up on ~에 뒤따르다

writing tutor consent는 '동의하다', '승낙하다' 라는 뜻으로 이처럼 공식적인 부탁에 승낙을 얻어낼 때 자주 쓰이는 표현입니다. 그리고 마지막에 자신에 대해 밝히는 내용 역시 눈여겨봐 두세요. 이름, 직위, 그리고 회사순으로 나오지요? 이것도 우리와는 반대되네요.

연애편지 – 서두

사랑하는 마음을 한가득 실어~

앞의 편지와는 달리 내용이 좀 말랑말랑하게 써보세요.

pick your words **이 표현들을 써주세요.**

- Loving you is so easy 널 사랑하는 건 쉽다
- many reasons 많은 이유
- gesture 몸짓
- look ~처럼 보이다
- smile 미소

create your own 나만의 편지를 써보세요.

17 State Street
Ann Arbor, MI 22045
July 15, 2006

My Dear Candy,

✓ 자신의 연애 경험을 살려, 감정을 충분히 담아보세요.

check the sample letter 원어민이 쓴 편지입니다.

17 State Street

Ann Arbor, MI 22045

July 15, 2006

My Dear Candy,

Loving you is so easy because there are so many reasons why I love you... the little things you do, the simple gestures you make, the feelings and thoughts that you share with me. I adore the way you look, the way you move, and your heavenly smile.

사랑하는 캔디, 당신을 사랑하는 것은 너무 쉬워요. 당신이 하는 사소한 일들, 당신이 하는 단순한 몸짓, 당신이 나와 함께 나누는 느낌과 생각들… 내가 당신을 사랑하는 이유가 너무 많기 때문이죠. 나는 당신의 모습, 움직임, 멋진 미소를 너무 좋아해요.

• adore 아주 좋아하다; 숭배하다 • heavenly 훌륭한, 거룩한, 절묘한

writing tutor 이 편지에서는 2행의 the little things you do와 같은 형태의 표현이 많이 쓰이고 있네요. you do가 앞의 명사 the little things를 꾸며주는 거죠. 그래서 '당신이 하는 사소한 일들' 이란 의미가 돼요. 원래는 you do 앞에 that이나 which가 있는 건데 흔히 생략한답니다. 물론 글을 쓸 때는 줄임말을 쓰거나 단어를 생략하는 것을 피하지만요.

21 연애편지 – 본문

사랑의 메세지를 절절하게 담아보아요.

상대의 어떤 모습을 사랑하는지 조금은 낯간지러운 말들을 마음껏 써보세요. 옛 기억을 떠올리면 쉬울 거예요. ^^

pick your words **이 표현들을 써주세요.**

- so many things 너무나 많은 것들
- Do you know that I love it when...? ~할 때 내가 그것을 사랑한다는 걸 아니?

create your own 나만의 편지를 써보세요.

✓ 내용이 유치하다고요?
에이~ 원래 사랑은 유치한 거잖아요.

check the sample letter 원어민이 쓴 편지입니다.

There are so many things to love about you!

Do you know that I love it when you daydream and you think that no one is watching?

Do you know that I love the way your eyes sparkle when you tell a funny story?

Do you know that I love the shape of your ears?

Do you know that I love to watch you sleep?

I could go on and on.

당신을 사랑하게 만드는 많은 것들이 있어요! 당신이 공상하며 아무도 안 볼 거라 생각할 때 내가 그걸 사랑한다는 걸 알고 있나요? 재미있는 이야기를 할 때 당신의 눈이 빛나는 것을 내가 사랑한다는 걸 알고 있나요? 당신 귀 모양을 사랑한다는 걸 알고 있나요? 당신이 자는 모습을 보는 걸 사랑한다는 걸 알고 있나요? 나는 계속 얘기할 수 있어요.

• daydream 공상에 잠기다 • sparkle 빛나다 • on and on 계속해서, 쉬지 않고

writing tutor 'Do you know that + 문장?' 이 여러 번 나오네요. 이 참에 잘 익혀두세요. 이때도 that은 써도 되고 안 써도 돼요. 이렇게 '주어 + 동사' 가 2개 이상 나오는 문장을 자유자재로 쓸 수 있게 되면 영어의 고수 위치에 오르게 되는 거랍니다.

22 연애편지 – 맺음말

사랑은 표현입니다. 마음껏 표현해보세요~!

마지막으로 사랑하는 마음을 강렬하게 표현해봅니다.

pick your words **이 표현들을 써주세요.**

- think about you 너를 생각하다
- whatever 어떤 ~일지라도
- now and forever 언제까지라도

create your own 나만의 편지를 써보세요.

Much Love,

Bart

✓당신은 할 수 있습니다! 하루에 1분만 투자하세요!

check the sample letter 원어민이 쓴 편지입니다.

It's important for me that you know that I love you–and how much I love you. I think about you all the time. So whatever it is that you are doing, thinking or saying, as you go about your day–know that I am there with you, loving you. I love you now and forever.

Much Love,

Bart

내가 당신을 사랑한다는 것과 얼마나 사랑하는지를 당신이 아는 것이 나에게는 중요합니다. 나는 항상 당신을 생각해요. 그래서 당신이 하루 종일 무엇을 하든, 무슨 생각을 하든, 무슨 말을 하든 간에 내가 당신을 사랑하며 곁에 있다는 것을 알고 계세요. 나는 당신을 언제까지나 사랑해요. 사랑을 담아, 바트

writing tutor now and forever 같은 표현은 노래 제목도 있고, 사랑하는 사람에게 쓰기엔 더없이 좋은 표현이죠. 이처럼 쉬우면서도 좋은 표현은 잊지 말고 사용해보세요. 멋진 표현을 익힐 수 있는 방법 중 하나는, 비교적 쉬운 연애소설을 읽거나, 로맨틱 코미디 또는 멜로 영화를 보는 것입니다. 이러한 영화에는 비교적 소란스러운 장면이 드물어서 대사가 명확하게 들리기도 하기 때문이죠. ^^ 독서도 하고~ 영화도 보고~ 영어공부도 하고! 1석 3조네요~!

위로편지 – 서두

23 삼가 고인의 명복을 빕니다.

격식을 갖춰 애도를 표하는 편지를 써봅시다.

pick your words **이 표현들을 써주세요.**

- deeply sadden 매우 슬퍼하다
- express my sincere sympathy 심심한 조의를 표하다
- highly respected 매우 존경받은

create your own 나만의 편지를 써보세요.

November 15, 2006
Mrs. Kim
4575 Signature Park
Santa Claus, CA 98105

Dear Mrs. Kim:

✓ A good beginning makes a good ending.
저희와 함께 영어 라이팅을 시작하셨나요? ^^
시작이 이토록 좋으니, 당연히 끝도 좋겠지요?

check the sample letter 원어민이 쓴 편지입니다.

November 15, 2006
Mrs. Kim
4575 Signature Park
Santa Claus, CA 98105

Dear Mrs. Kim:

I was deeply saddened to learn of David's death, and I would like to express my sincere sympathy to you and your family on behalf of the management team at DC Inc. Your son was highly respected by managers and employees alike throughout the entire company.

김 여사님, 저는 데이비드의 죽음에 대해 전해 듣고 깊은 슬픔에 빠졌습니다. 그리고 DC사의 경영팀을 대표하여 당신과 가족에게 심심한 조의를 표하고자 합니다. 당신의 아들을 회사 전체에서 매니저와 직원들 모두 매우 소중히 여겼습니다.

• learn of ~을 알게 되다 • alike 마찬가지로, 같게 • throughout ~의 도처에 • entire 전체의

writing tutor I was deeply saddened to learn of David's death.에서 조의를 표하는 내용의 '공식적인 편지'라는 걸 금새 알 수 있습니다. 여기서 learn은 '배우다'라는 뜻이 아니라 '(~를 통해서) 전해 듣다, 알게 되다'라는 뜻이죠. 꽤 자주 쓰이는 의미입니다. 잘 익혀두세요.

위로 편지 - 본문

고인의 공헌을 높이 삽니다.

고인이 회사에 기여한 바를 구체적으로 언급해보세요.

pick your words 이 표현들을 써주세요.

- contribution 공헌
- dedicated service 헌신적인 노고
- major part 중요한 역할
- not be forgotten 잊혀지지 않는

create your own 나만의 편지를 써보세요.

✓ 막상 시작하니까, 시작이 반이라고 별로 어렵지 않죠? *^^*

check the sample letter 원어민이 쓴 편지입니다.

David's contributions during his 8 years of dedicated service were many and varied. In the early years he was a major part of our initial team, and a number of the offices he set up in Asia are still operating successfully. In recent years David was a key member in our efforts to transform our company into a worldwide corporation. His contributions to this company will not be forgotten.

8년 동안 헌신적인 근무를 하면서 데이비드의 공헌은 많고 다양했습니다. 일찍이 그는 우리 초기 팀의 중요한 일원이었고 그가 설립한 아시아의 여러 사무소는 지금도 성공적으로 운영되고 있습니다. 최근에, 데이비드는 우리 회사를 세계적인 기업으로 변모시키고자 하는 데 핵심 멤버였습니다. 회사에 대한 그의 공헌은 잊혀지지 않을 것입니다.

- initial 초기의, 애초의
- operate 작용하다, 일하다
- transform 변모시키다, 전환하다
- corporation 회사, 법인

writing tutor 이처럼 공식적인 추모 편지의 내용은 그 특성에 알맞게, 애도의 마음을 담으면서도 객관적인 흐름을 유지해야 합니다. 지나치게 감정적으로 흐르는 것은 공식적인 문서에서는 어울리지 않기 때문이죠.

25 위로 편지 – 맺음말

진심으로 애도하는 마음을 담아보세요.

고인이 된 분의 훌륭한 면모를 다시 한 번 강조하며 편지를 마무리하세요.

pick your words 이 표현들을 써주세요.

- heartfelt condolences 진심에서 우러난 조의(애도)
- remarkable man 뛰어난 사람
- be missed by many 많은 사람들이 그리워하다

create your own 나만의 편지를 써보세요.

With sincere sympathy,

Charlie Brown

President and CEO

✓ 누군가와의 공감이 중요한 것처럼~
영어공부에서 가장 중요한 것도 공감!!

check the sample letter 원어민이 쓴 편지입니다.

Please accept my heartfelt condolences at this difficult time. Your son was a remarkable man in many ways. Knowing him personally as I did for many years, I am well aware of the difference he made in the lives of many people, both here in the company and in his private life. He will be missed by many.

With sincere sympathy,

Charlie Brown

President and CEO

이 힘든 시기에 저의 진심어린 애도를 받아주시기 바랍니다. 당신의 아들은 여러 면에서 훌륭한 사람이었습니다. 수년간 그를 개인적으로 알아왔기 때문에, 그가 여기 회사와 그의 사생활에서 여러 사람들의 삶에 미쳤던 영향에 대해 매우 잘 알고 있습니다. 많은 사람이 그를 그리워할 것입니다. 심심한 조의를 표하며. 찰리 브라운 / 회장 겸 CEO

• be aware of ~을 알다 • private 개인의, 사적인

writing tutor 첫 문장은 명령문입니다. 이렇게 부탁 표현으로도 흔히 쓰이지요. 우리는 영어 단어나 문장구조에 대해 가장 대표적인 하나의 뜻 또는 쓰임으로만 알고 있는 경우가 많은데요. 거기서 파생되는 다양한 다른 의미와 쓰임도 숙지하고 있어야 합니다. 그렇다고 단어나 문법 공부부터 다시 할 필요는 없고요. 앞으로 접하는 단어나 문형은 눈여겨보며 자기 것으로 만드는 습관을 들이세요.

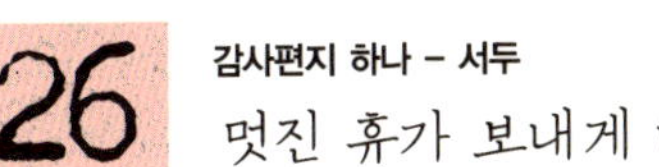

26 감사편지 하나 – 서두

멋진 휴가 보내게 해줘서 고마워.

휴가 동안 너무 즐거웠다고 친구에게 감사의 편지를 써보세요.

pick your words **이 표현들을 써주세요.**

- write straightaway 곧바로 쓰다
- splendid holiday 멋진 휴가
- full gratitude 많은 감사
- never have so much fun 그렇게 재밌던 적이 없다

create your own 나만의 편지를 써보세요.

78 Oak Palm Street
Sydney, Australia

Dear Josh,

✓ 앗, 마음이 급하다고요? 서두르지 마세요!
한 걸음 한 걸음~! 정상을 향해!

check the sample letter 원어민이 쓴 편지입니다.

78 Oak Palm Street
Sydney, Australia

Dear Josh,

Now that I am back home again I want to write straightaway and thank you for such a splendid holiday. My English is not good enough to express my full gratitude. But I would still like to say this was the best trip I had in my life. I never had so much fun before.

조시에게, 집에 돌아오니, 너에게 곧바로 그렇게 멋진 휴가를 보내게 해줘서 고맙다는 편지를 쓰고 싶어졌어. 내 영어실력은 내가 느끼는 큰 고마움을 표현하기에는 부족해. 하지만 이번 여행이 내 인생에서 가장 멋졌다는 것을 말해주고 싶어. 전에는 그렇게 재밌게 보냈던 적이 없었어.

• **now that** ~하니, ~한 이상

writing tutor 고마움을 표현하는 말이 또 뭐가 있을까요? I can't thank you any more.라고도 표현할 수 있습니다. 격식을 차려 말할 때는 I can't express my full gratitude with my stupid words.라고 해서 강조할 수도 있죠.

27 감사편지 하나 – 본문 + 맺음말

너의 호의를 절대 잊지 못할 거야.

고마운 마음을 구체적으로 다시 한번 표현하고, 보답하겠다는 말도 잊지 마세요.

pick your words 이 표현들을 써주세요.

- back to ~로 돌아온
- never forget 결코 잊지 않다
- still remember 여전히 기억하다
- return the favor 호의에 보답하다

create your own 나만의 편지를 써보세요.

Yours Sincerely,

Jae-min

✓ 우선 자신감을 가지세요!
뭐든지 자신 있게 하는 게 중요하죠!

check the sample letter 원어민이 쓴 편지입니다.

After all the excitement of Sydney, I am back to my dull life. I can still remember all the parties, clubs, and fun we had in Australia. Truly, I shall never forget your kindness and the patience you showed by showing me around town. I really hope you will visit Korea so that I can return the favor. Once again thank you!

Yours Sincerely,

Jae-Min

시드니에서 엄청나게 열광적으로 지낸 후에, 난 지루한 생활로 돌아왔어. 아직도 호주에서 우리가 가졌던 그 모든 파티, 클럽 그리고 즐거움이 생생해. 정말 난 시내를 둘러보며 보여줬던 너의 친절과 인내심을 절대로 잊지 못할 거야. 너의 호의에 보답할 수 있게 한국에 방문하기를 정말 바라. 다시 한번 고마워! 재민

• dull 지루한, 따분한 • truly 진심으로, 정말로 • kindness 친절 • patience 인내

writing tutor 끝에서 2번째 문장의 'so that +문장'은 '~하도록'의 뜻이에요. 그리고 'so 형용사/부사 that +문장'은 '너무 ~해서 …하다'란 의미죠. I was so shocked that I couldn't say a word.(너무 충격받아서 말이 나오지 않았다.)처럼요. 비슷비슷한 표현들이 많아서 헷갈리죠? 잘 봐두세요.

28 안부편지 – 서두

오랫동안 연락하지 못한 친구에게

만난지 오래 된 친구에게 안부를 전해보세요.

pick your words **이 표현들을 써주세요.**

- How are you? 어떻게 지내니?
- remember 기억하다
- write you a letter 너에게 편지를 쓰다

create your own 나만의 편지를 써보세요.

200-1 Donggyo-dong, Mapo-gu
Seoul, 121-200 South Korea

Dear Jae-min,

✓"할 수 있다"는 믿음을 싣고~!

check the sample letter 원어민이 쓴 편지입니다.

200-1 Donggyo-dong, Mapo-gu
Seoul, 121-200 South Korea

Dear Jae-Min,

How are you? It has been two months since you went back to Korea. Are you still studying English? I remembered that it will soon be your twenty-fifth birthday. I looked for a card to send you, but none of them were suitable. So I decided to write you a letter instead.

재민에게, 잘 지내니? 네가 한국으로 돌아간 지 두 달이 되었어. 너 아직도 영어 공부하니? 네가 곧 25번째 생일을 맞이하게 된다는 게 기억이 났어. 너에게 보낼 카드를 찾았지만 적당한 것을 구할 수 없었어. 그래서 대신 편지를 쓰기로 했지.

• suitable 적당한, 적합한 • look for ~을 찾다

writing tutor 두 번째 문장 It has been two months since you went back to Korea.를 보면 현재완료 시제가 쓰였어요. 과거부터 계속되어오는 일을 표현할 때 쓰는 시제죠. 완료형 시제를 어려워하는 분들이 많은데, 문장들을 자주 접하다보면 자연스레 그 뉘앙스가 와닿게 될 거예요. 어려운 것에 너무 집착하거나, 그것 때문에 좌절하지 마세요.

29 안부편지 – 본문 + 맺음말

곧 한국에 갈게.

언제 한국에 올지를 얘기하고, 생일 잘 보내라는 말로 마무리하세요.

pick your words 이 표현들을 써주세요.

- do you remember? 기억하니?
- spend time with you 너와 시간을 보내다
- hope to see you soon 너를 곧 다시 보기를 희망하다

create your own 나만의 편지를 써보세요.

All the best,

Josh Mullen

✓ 생각도 자유롭게~! 표현도 자유롭게~! 마음껏 써보세요~!

check the sample letter 원어민이 쓴 편지입니다.

Do you remember you invited me to visit Korea? Well, I have decided to visit your country in June. I hope to spend more time with you and get to know your country better.

Have an enjoyable birthday and hope to see you soon.

All the best,

Josh Mullen

네가 나에게 한국에 오라고 초청한 것 기억해? 음, 난 6월에 한국을 방문하기로 결정했어.
너와 더 많은 시간을 보내고 한국에 대해 더 많이 알게 되길 바라.
즐거운 생일 보내고 곧 만나자. 조시 뮬런

• **enjoyable** 즐거운, 유쾌한

writing tutor 2번째 문장을 보면 '6월에' 라고 할 때 in June이라고 했지요? 이렇게 달 앞에는 in을 써요. 그리고 날짜 앞에는 on을 쓰지요. I was born on July 4th.(난 7월 4일에 태어났어)처럼요. 그럼, 시간 앞에는 뭘 쓸까요? 다 알죠? 바로 at이에요. I go to work at eight.(난 8시에 출근한다)처럼 말이에요.

감사편지 둘

~에 감사드립니다.

pick your words **이 표현들을 써주세요.**

- express our appreciation 우리의 감사를 표하다
- remarkable service 훌륭한 봉사, 수고
- contribution 공헌
- invaluable 매우 귀중한

create your own 나만의 편지를 써보세요.

45 Castle Street
Lansing, MI

To Mr. Marble,

Sincerely,

Dick Check

Chairman of Chess Club

✓ 무슨 일에든 꼭 필요한 것! 바로, 꾸준함이죠?!
1분씩 1년이면 365분인 걸요!

check the sample letter 원어민이 쓴 편지입니다.

45 Castle Street
Lansing, MI

To Mr. Marble,

We would like to express our appreciation for your remarkable service as a member of the Chess Club. The contributions you have made to our club over the past two years have been invaluable to us. We wish you much luck in your future endeavors.

Sincerely,

Dick Check

Chairman of Chess Club

마블 씨에게, 우리는 체스클럽 멤버로서 귀하의 대단한 노고에 고마움을 표하고자 합니다. 지난 2년 간 우리 클럽에 기여한 귀하의 공헌은 매우 귀중했습니다. 귀하의 미래에 행운이 있기를 빕니다. 체스 클럽 / 회장 딕 첵

- endeavor 노력, 진력, 시도

writing tutor would like to는 '~하고 싶다' 라는 의미로, 일상 대화뿐만 아니라 편지와 같은 문어체 문장에서도 무난하게 쓸 수 있는 표현이에요. 우리가 잘 알고 있는, 같은 의미의 want to보다도 흔히 사용되지요. 자꾸 접하게 되는 표현은 지나치지 말고 한 번씩 눈여겨보는 것, 잊지 마세요.

31 감사편지 셋

힘든 시기에 보여주신 친절에 감사드립니다.

카드를 통해 위로의 말을 전한 분께 감사 인사를 드려보세요.

pick your words 이 표현들을 써주세요.

- thoughtfulness 사려 깊음
- sadness in my life 내 인생에서의 슬픔
- change for the better 더 나아지다
- recover 회복하다

create your own 나만의 편지를 써보세요.

86 Nights Avenue
Deep Mountain, IL

Dear Ms. Cloud,

With Love,

Katherine Man

✓ 힘들다고요? 조금만 더 힘내세요!
지금 잘하고 있습니다~!!!

check the sample letter 원어민이 쓴 편지입니다.

86 Nights Avenue
Deep Mountain, IL

Dear Ms. Cloud,

Thank you so much for your lovely card. I appreciate your thoughtfulness at this time of sadness in my life. I will try to recover as soon as possible. I will contact you again once things change for the better.

With Love,

Katherine Man

클라우드 씨께, 당신의 아름다운 카드, 잘 받았습니다. 제 인생에서 이런 슬픔의 시기에 베풀어주신 사려 깊음에 감사드립니다. 될 수 있는 한 빨리 이겨내도록 노력하겠습니다. 상황이 더 나아지면 다시 한 번 연락드리겠습니다. 캐서린 맨

- contact 연락하다, 접속하다

writing tutor card 앞에 lovely를 써서 고마움을 강조했네요. 이렇게 적절한 수식어로 전하는 바를 강조하는 것도 좋은 방법이랍니다. 그리고 여기서는 will이 여러 번 쓰였는데요. will과 be going to의 차이를 알고 있나요? will에는 주어가 '~하겠다'는 의지가 강하게 담겨 있는 반면, be going to는 '가까운 장래에 ~할 것이다'라는 예정의 뜻이 강하다는 것, 잊지 마세요.

32

항의편지 – 서두

교수님, 제 성적이 불만스럽습니다.

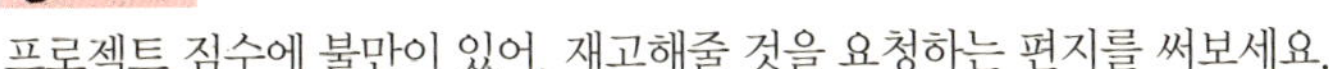

프로젝트 점수에 불만이 있어, 재고해줄 것을 요청하는 편지를 써보세요.

pick your words **이 표현들을 써주세요.**

- express my dissatisfaction 불만족을 표시하다
- grade 성적
- class project 학과 프로젝트
- reconsider 재고하다
- decision 결정

create your own 나만의 편지를 써보세요.

May 15, 2007

To Dr. D.Y. Dee:

✓결국 무슨 일이든 자기 자신과의 싸움이죠?
그까짓 1분을 못 이기겠습니까? *^^*

check the sample letter 원어민이 쓴 편지입니다.

May 15, 2007

To Dr. D.Y. Dee:

This letter is to express my dissatisfaction with the grade that I received for my class project. I know you made it clear that individuals in each group would all receive the same grade; however I am asking you to reconsider your decision about my grade.

D.Y. 디 박사님께, 이 편지는 제 학과 프로젝트로 받은 점수에 대한 불만족을 표하기 위해 쓰는 것입니다. 교수님께서 각 그룹의 개개인들은 모두 같은 점수를 받을 거라고 분명히 밝히신 것을 알고 있습니다. 하지만 제 점수에 대한 교수님의 결정을 재고해주실 것을 요청드리는 바입니다.

• receive 받다 • make it clear 분명히 하다, 확실히 하다 • individual 개인

writing tutor 무슨 일에 대해서든 항의(complain)하는 내용을 쓰기 위해서는 '감정적이지 않고', '객관적인 태도를 유지' 하는 것이 중요합니다. 영어로 쓸 때는 더욱 그러하답니다. 특히 이런 특정 목적을 가진 편지는 인사말 따위는 생략하고 바로 본론으로 들어가서, 말하고자 하는 바를 피력해야 합니다.

항의편지 – 본문

33 재고하시도록 관련 자료를 보냅니다.

항의하는 이유를 보다 명확히 설명하고, 구체적인 자료를 제시해보세요.

pick your words 이 표현들을 써주세요.

- a lot of effort 많은 노력
- enclose 동봉하다
- project partner 과제 파트너
- research 연구

create your own 나만의 편지를 써보세요.

✓ Heaven helps those who help themselves~!
다들 아시죠? '하늘은 스스로 돕는 자를 돕는다'는 것을.

check the sample letter 원어민이 쓴 편지입니다.

I put a lot of effort into this project. I spent numerous hours in the library and at the computer working on my research. My project partner, Jim, apparently did not approach the project with the same dedication as I. Enclosed, you will find copies of my notes and sources that I used in my research.

저는 이 프로젝트에 많은 노력을 기울였습니다. 도서관에서 그리고 컴퓨터로 조사하기 위해 수많은 시간을 보냈습니다. 제 프로젝트 파트너 짐은 분명히 저만큼 프로젝트에 노력을 기울이지 않았습니다. 교수님께 제가 조사에 썼던 노트와 자료의 사본을 동봉했습니다.

• numerous 수많은 • apparently 분명히 • approach 접근하다 • dedication 헌신; 봉헌
• copy 사본

writing tutor 세 번째 문장의 My project partner, Jim,에서 보듯이 동격이 되는 말은 앞뒤에 쉼표(,)를 써서 표현합니다. 영작을 할 때는 영어 단어나 표현도 중요하지만 구두점을 어떻게 쓰는지도 잘 알아둘 필요가 있답니다.

항의편지 – 맺음말

34 제 점수를 올려주세요.

교수님의 재고를 바라는 부탁의 말로 편지를 마무리해보세요.

pick your words 이 표현들을 써주세요.

- appointment 약속
- discuss ~에 대해 토론하다
- unfortunately 안타깝게도
- contact 연락하다
- generous 관대한

create your own 나만의 편지를 써보세요.

Thank you,

Mel Shallow

✓ 늘 작심삼일이라구요?
그럼 작심삼일을 3일에 한 번씩 하세요~!!

check the sample letter 원어민이 쓴 편지입니다.

You encouraged us to speak with you if we encountered any problems within our groups, and I made two appointments with you to discuss the situation. Unfortunately, you were unable to attend either one. Considering that I did attempt to contact you, and that I put a lot of effort into this project, I hope that you will be generous enough to raise my project grade.

Thank you.

Mel Shallow

교수님께서는 그룹 안에서 문제가 발생하면 교수님과 얘기하라고 하셨습니다. 그래서 그 상황에 대해 교수님과 상의하기 위해 두 번 약속을 정했습니다. 불행히도, 교수님께서는 두 번 다 약속을 지키지 못하셨습니다. 제가 연락을 취하려고 했던 점과 이 프로젝트에 많은 노력을 쏟은 것을 고려해 교수님께서 관대하게 제 프로젝트 점수를 올려주시길 희망하는 바입니다. 감사합니다, 멜 샐로

• **encourage** 권장하다, 격려하다 • **encounter** 부딪히다 • **attempt** 시도하다

writing tutor I did attempt to contact you.가 틀린 문장처럼 보인다고요? 아닙니다. did는 자신이 분명히 연락하려고 시도했다는 것을 강조하기 위해 사용되었답니다. 이렇게 did가 앞에 나오면 동사는 그냥 기본형으로 쓰면 됩니다.

Coffee Break

편지의 맺음말 모음

앞서의 여러 편지에서 보듯이, 맺음말은 아주 다양합니다.
상황별로 여러 가지 맺음말을 살펴보도록 합시다.

비즈니스 레터의 경우

Sincerely,
Sincerely yours,
Yours sincerely,
Thank you,
Faithfully yours,
Yours faithfully,
*받는 사람의 이름을 알 경우에는 Sincerely,
모를 경우에는 Faithfully,를 주로 씀

안면 있는 사람에게 보내거나 격식을 갖춘 편지의 경우

Best wishes,
With best wishes,
Kindest regards,
With kindest regards,
Regards,
Best regards,
With best regards,
Cordially,
Respectfully yours,
Respectfully,

친한 친구나 가족의 경우

With much love,
Love,
All the love,
All the best,

PART 2

원어민 편지에서 한수 배우기

원어민의 편지를 마치 자신이 쓰듯

빈칸을 채워 완성하기

1.choose your words
이어지는 편지에 들어갈 표현이 제시되어 있습니다.

2.letter in the making
원어민의 편지를 읽으면서 빈칸을 채웁니다. 위의 표현들은 기본형으로 제시되어 있으므로, 필요하면 변형하여 넣도록 합니다.

3.finished diary
다음 페이지로 넘겨 편지를 다시 읽으며 정답을 확인해봅니다. 그런 다음 원어민의 편지에서 마음에 드는 표현을 배워봅니다.

4.writing tutor
글쓰기 요령 및 꼭 필요한 문법 및 어휘에 대한 설명이 들어 있습니다. 머릿속에 잘 새겨두세요.

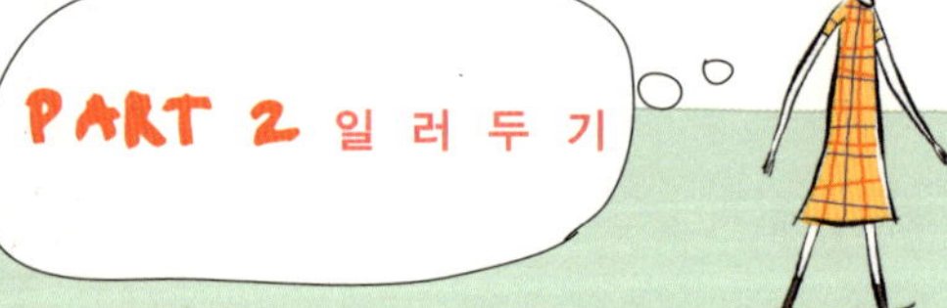

좋은 편지를 쓰려면 다른 사람들이 쓴 편지를 많이 읽어보는 과정이 필요합니다. 여기서는 원어민이 쓴 편지를 읽고, 중간중간 빈곳을 채워 편지를 완성하는 연습을 합니다.
좋은 글을 쓰기 위해 꼭 필요한 연습입니다. 믿고 따라오세요.

1 새 학기를 시작하며 여자 친구에게 편지를 쓰고 있어요.

choose your words 다음에서 빈칸에 들어갈 표현을 고르세요.

- as soon as ~하자마자
- how are you 어떻게 지내니
- pick A up A를 데리러 가다
- write me back 답장하다
- to

letter in the making 빈칸을 채워 편지를 완성하세요.

Dear Melanie,

Hi Mel. ______________? You must be very busy getting ready for the new term. I just moved into a new apartment on campus with Dan. Do you remember Dan? He was the guy who ________ you ________ from the airport when you came to visit me last summer. He is going to be my roommate for this term.

I miss you very much. I am seriously thinking about transferring to your school. I can't stand ___________ be apart from you for so long. What do you think?

_______________. I'll call you _____________ I install a telephone in the house.

Love,

Kevin.

✓ 당신의 하루 중 1분만 투자하면 영어 라이팅 실력을 바꿀 수 있습니다.

finished diary 아하! 이렇게 쓰는 거구나!!!

Dear Melanie,

Hi Mel. How are you? You must be very busy getting ready for the new term. I just moved into a new apartment on campus with Dan. Do you remember Dan? He was the guy who picked you up from the airport when you came to visit me last summer. He is going to be my roommate for this term. I miss you very much. I am seriously thinking about transferring to your school. I can't stand to be apart from you for so long. What do you think? Write me back. I'll call you as soon as I install a telephone in the house.

Love, Kevin.

멜라니에게, 안녕, 멜. 잘 지내? 신학기 준비하느라 무지 바쁘겠구나. 나는 댄과 함께 캠퍼스에 있는 새 아파트로 막 이사왔어. 댄, 기억해? 네가 지난 여름에 나 만나러 왔을 때 공항에 마중나갔던 친구 말야. 이번 학기 내 룸메이트야. 너무 너무 보고 싶다. 너희 학교로 전학할까 심각하게 고려중이야. 너랑 이렇게 오래 떨어져 있는 거 못 견디겠어. 넌 어때? 답장해줘. 집에 전화 설치하는 대로 전화할게. 너의 사랑 케빈

- get ready for ~을 준비하다 • move 이사하다 • seriously 심각하게, 신중하게
- transfer 전학하다, 전근하다 • stand 참다, 견디다 • install 설치하다

writing tutor 빈칸을 채울 때는 무엇보다 문맥을 생각하는 게 가장 중요하겠지요? 문맥만 제대로 파악하면 어려울 게 없습니다~!

2 새학기가 되면 해야 할 일이 뭐가 있나요?

choose your words 다음에서 빈칸에 들어갈 표현을 고르세요.

- answer 답장하다
- last of all 마지막으로
- have
- up to
- just 지금 막

letter in the making 빈칸을 채워 편지를 완성하세요.

Dear Kevin,

How are you? I'm sorry that I didn't __________ your letter sooner. I've been very busy because school ______________ started. I had to move into the dormitory and clean up my room. I ___________ to go to the bookstore to buy my textbooks. ______________, I had to register for my classes. My new roommate is from Ohio. She used to be in her high school marching band. She played the trumpet. I think she is going to be a good roommate.

What have you been __________? Write me back.

Love,

Melanie

✓ 새 학기를 시작하는 흥분과 기대감을 한껏 담아 글을 써보아요~! *^^*

finished diary 아하! 이렇게 쓰는 거구나!!!

Dear Kevin,

How are you? I'm sorry that I didn't answer your letter sooner. I've been very busy because school just started. I had to move into the dormitory and clean up my room. I had to go to the bookstore to buy my textbooks. Last of all, I had to register for my classes. My new roommate is from Ohio. She used to be in her high school marching band. She played the trumpet. I think she is going to be a good roommate. What have you been up to? Write me back.

Love, Melanie

케빈에게, 안녕? 더 빨리 답장해주지 못해서 미안. 학교가 막 시작해서 너무 바빴어. 기숙사로 이사 들어가고, 방청소도 해야 하고, 교재 사러 서점에도 가야 했어. 그리고 마지막으로 수강신청도 해야 했고. 새 룸메이트는 오하이오 출신이야. 고등학교 때 행진악대에 있었대. 트럼펫을 불었다더라. 괜찮은 룸메이트가 될 것 같아. 넌 어떻게 지냈니? 답장해줘. 너의 사랑, 멜라니

- dormitory 기숙사 • register 등록하다

writing tutor '답장하다' 라는 뜻으로 어떤 표현들을 사용할 수 있을까요? 우선 '대답하다' 는 의미로 answer your letter, 또 reply, write back, send a reply to 등을 쓸 수 있습니다. 될 수 있으면 다양한 표현을 사용해보면 좋겠죠?

3 엄마에게 편지로 안부를 전해요.

choose your words 다음에서 빈칸에 들어갈 표현을 고르세요.

- rest of ~의 나머지
- let ~하게 하다
- have 가지고 있다
- send my regards 안부를 전하다
- always 항상

letter in the making 빈칸을 채워 편지를 완성하세요.

Dear Mom,

This is just to ---------- you know that my classes are going very well this semester. I'm taking four courses: Anthropology, Linguistics, History, and Sociology. My favorite is Sociology. The teacher is very interesting and I like my classmates. There is a guy in my class, Andrew, who ------------ helps me with my work. He is a real gentleman. I'm lucky to --------- him in my class.

Please -------------- to Dad and to the ------------ the family.

Love,

Melanie

✓ 사랑은 표현이 중요합니다!
영어공부는 투자가 중요합니다! *^^*

finished diary 아하! 이렇게 쓰는 거구나!!!

Dear Mom,

This is just to let you know that my classes are going very well this semester. I'm taking four courses: Anthropology, Linguistics, History, and Sociology. My favorite is Sociology. The teacher is very interesting and I like my classmates. There is a guy in my class, Andrew, who always helps me with my work. He is a real gentleman. I'm lucky to have him in my class.

Please send my regards to Dad and to the rest of the family.

Love, Melanie

엄마에게, 다름이 아니고 이번 학기 수업을 잘 듣고 있다고 알려드리려고요. 4과목, 즉 인류학, 언어학, 역사, 사회학을 듣고 있어요. 가장 좋아하는 과목은 사회학이고요. 선생님이 아주 재밌으시고, 같이 듣는 아이들이 좋아요. 우리 반에 앤드류라고 한 녀석이 있는데, 내 공부를 항상 도와줘요. 진짜 신사죠. 같은 반에 그런 애가 있다니 전 운이 좋아요. 아빠와 다른 가족에게도 안부 전해주세요. 사랑을 담아, 멜라니

- Anthropology 인류학 • Linguistics 언어학 • Sociology 사회학

writing tutor 맺음말로 간단하게 love라고 붙였죠? 이렇게도 쓸 수 있답니다. 혹시 XXX라는 걸 본 적 있나요? 이것은 키스를 나타내는 거예요. 한편, '안부를 전하다'는 send my regards, give my regards, say hello to someone, with my best regards to someone 같은 표현도 사용해볼 수 있습니다.

4 엄마가 답장을 보내셨어요.

choose your words 다음에서 빈칸에 들어갈 표현을 고르세요.

- intend 의도하다
- by the way 그건 그렇고
- spend 보내다
- hear 듣다
- visit 방문하다

letter in the making 빈칸을 채워 편지를 완성하세요.

Dear Melanie,

It was great to read your letter last Wednesday. Dad and I are very glad to __________ that you are doing well at school.

We have some news, too. This summer, we __________ to go to New York for vacation. We plan to __________ you at school and spend some time sightseeing in the city. We would like you to guide us around the city. We know you'll be busy with summer school but we are hoping to __________ some time with you.

__________, how's your boyfriend Kevin? Is he doing well in school?

Love,
Mom

포기하고 싶다고요? 잘 아시잖아요~
포기는 배추를 셀 때나 쓰는 말이란 거! *^^*

finished diary 아하! 이렇게 쓰는 거구나!!!

Dear Melanie,

It was great to read your letter last Wednesday. Dad and I are very glad to hear that you are doing well at school. We have some news, too. This summer, we intend to go to New York for vacation. We plan to visit you at school and spend some time sightseeing in the city. We would like you to guide us around the city. We know you'll be busy with summer school but we are hoping to spend some time with you. By the way, how's your boyfriend Kevin? Is he doing well in school?

Love, Mom

멜라니에게, 지난 수요일에 네 편지를 읽게 되서 매우 기뻤어. 아빠랑 나는 네가 학교에서 잘 지낸다니 매우 흐뭇하단다. 우리도 소식이 있어. 이번 여름에 휴가로 뉴욕에 갈 생각이야. 우리는 학교로 널 찾아가고 도시 관광을 할 거야. 네가 안내해주면 좋겠구나. 네가 서머스쿨 때문에 바쁠 거라는 걸 알지만 너와 함께 시간을 보내게 되길 바란단다.
그건 그렇고, 네 남자친구 케빈은 어때? 학교에서 잘 지내고 있니? 사랑을 담아, 엄마

• sightsee 관광여행하다 • be busy with ~로 바쁘다

writing tutor 사적인 편지라 그런지, 형식에 구애받지 않고 있죠? 서두, 본문, 맺음말의 형식 없이 마지막은 물어보는 것으로 끝내고 있습니다. 하지만 공식적인 편지를 쓸 때는 이렇게 쓰면 안 됩니다.

5 멜라니가 또 엄마에게 편지를 쓰고 있네요.

choose your words **다음에서 빈칸에 들어갈 표현을 고르세요.**

- must ~임에 틀림없다
- mention 언급하다
- as well as ~뿐 아니라, 또한
- fine 잘하는, 좋은
- have

letter in the making 빈칸을 채워 편지를 완성하세요.

Dear Mom,

What a great idea! I'd love to have you guys visit me in the city. I can show you around my school ____________ the city. I'll take you to all the tourist attractions in New York. I'm already excited thinking about spending time with you guys. Kevin is doing ____________ in school. He is in his senior year, so he ____________ be very busy. We haven't ____________ much time to write or call each other. But I do miss him.

Did I ____________ that there is a guy, Andrew, in my Sociology class who is really nice to me? We have quite a lot of things in common.

Love,

Melanie

교재를 참고하되 될 수 있는 한
자신의 글을 쓰려 노력해보세요~!! ^^*

finished diary 아하! 이렇게 쓰는 거구나!!!

Dear Mom,

What a great idea! I'd love to have you guys visit me in the city. I can show you around my school as well as the city. I'll take you to all the tourist attractions in New York. I'm already excited thinking about spending time with you guys. Kevin is doing fine in school. He is in his senior year, so he must be very busy. We haven't had much time to write or call each other. But I do miss him. Did I mention that there is a guy, Andrew, in my Sociology class who is really nice to me? We have quite a lot of things in common.

Love, Melanie

엄마께, 정말 좋은 생각이에요! 뉴욕으로 절 보러 오시면 정말 좋겠어요. 제가 도시뿐만 아니라 학교를 보여드릴 수 있어요. 뉴욕에 있는 모든 관광 명소에도 모시고 갈 거예요. 나는 벌써 엄마 아빠랑 함께 있을 수 있다는 생각에 흥분되고 있어요. 케빈은 학교에서 잘 지내고 있어요. 졸업반이라 무척 바쁠 거예요. 우리는 편지를 쓰거나 전화할 시간이 많지 않아요. 하지만 그가 무척 그리워요. 제가 사회학 수업에서 저에게 정말 잘해주는 앤드류라는 남자애가 있다고 말했나요? 우리는 공통점이 꽤 많아요. 사랑을 담아, 멜라니

writing tutor '공통점이 있다' 라는 말이 나오네요. 영어로 We have many things in common. 혹은 We have something in common.으로 표현할 수 있답니다. 편지뿐 아니라 일상회화에서 유용하게 쓰일 수 있는 표현이에요. 잘 알아두세요.

6 어머니가 멜라니에게 충고의 편지를 보내셨어요.

choose your words 다음에서 빈칸에 들어갈 표현을 고르세요.

- sound ~처럼 들리다
- get 받다
- take
- nothing 아무것도 아님
- become 되다

letter in the making 빈칸을 채워 편지를 완성하세요.

Dear Melanie,

Honey, I know it is none of my business but I am ____________ the impression that you are very close to your new friend, Andrew. I hope you guys are just ____________ good friends and ____________ more. He ____________ like a nice boy, but don't forget about Kevin.

Why don't I write to Kevin and ask him to join us in New York over the summer? What do you think?

____________ care and I love you.

Love,
Mom

너무 조바심내지 마세요~
마음을 편안하게! 공부는 즐거운 것~!!♬

finished diary 아하! 이렇게 쓰는 거구나!!!

Dear Melanie,

Honey, I know it is none of my business but I am getting the impression that you are very close to your new friend, Andrew. I hope you guys are just becoming good friends and nothing more. He sounds like a nice boy, but don't forget about Kevin. Why don't I write to Kevin and ask him to join us in New York over the summer? What do you think? Take care and I love you.

Love, Mom.

사랑하는 멜라니에게, 애야, 상관할 바가 아닌 것은 알지만 난 네가 새 친구 앤드류와 꽤 친하다는 인상을 받고 있단다. 난 너희들이 그냥 좋은 친구일 뿐 그 이상 진척되지 않길 바란다. 그는 좋은 남자 같지만 케빈을 잊지 말아라.
케빈한테 편지를 써서 여름 동안 뉴욕에서 우리와 함께 있자고 하는 게 어떨까? 너는 어떻게 생각해? 잘 지내라. 사랑한다. 사랑을 담아서, 엄마

• impression 인상 • join 동참하다, 함께 하다 • over ~동안

writing tutor 첫 번째 문장에서 Honey라는 표현은 부부나 애인 사이뿐만 아니라 사랑하는 사람, 즉 자식 혹은 친구를 부를 때도 사용됩니다. 이 밖에도 darling, dear, my love, sweety, sweetheart, sweety pie 등, 친밀감을 나타내는 수많은 호칭이 있답니다. 친구에게 한 번 써보세요. ^^*

7 어머니의 충고에 멜라니는 뭐라고 답장할까요?

choose your words 다음에서 빈칸에 들어갈 표현을 고르세요.

- besides 게다가
- sincerely 진심으로
- chance 기회
- shortly 곧
- whether ~인지 아닌지

letter in the making 빈칸을 채워 편지를 완성하세요.

Dear Mother,

Andrew and I are just good friends. Please do not worry about our relationship. ____________, Kevin is just as busy as I am. I would appreciate it if you could let me deal with my own problems. Also, I'm not sure ____________ Kevin can join us in New York. I think he said something about having to do an internship over the summer. But I will ask him anyways. Please do not write to him.

My midterms are coming up ____________ and I will be quite busy. I will write you again once I get the ____________.

____________,

Mel

여기까지 꾸준히 해온 여러분이 자랑스럽습니다~!

finished diary 아하! 이렇게 쓰는 거구나!!!

Dear Mother,

Andrew and I are just good friends. Please do not worry about our relationship. Besides, Kevin is just as busy as I am. I would appreciate it if you could let me deal with my own problems. Also, I'm not sure whether Kevin can join us in New York. I think he said something about having to do an internship over the summer. But I will ask him anyways. Please do not write to him. My midterms are coming up shortly and I will be quite busy. I will write you again once I get the chance.

Sincerely, Mel

어머니께, 앤드류와 전 그냥 좋은 친구예요. 우리 관계에 대해 걱정하지 마세요. 게다가, 케빈은 나만큼 바쁠 뿐이에요. 제 문제는 제가 처리할 수 있도록 내버려두면 고맙겠어요. 또한, 케빈이 뉴욕에서 우리와 함께 있을 수 있을지 잘 모르겠어요. 여름 동안 인턴십에 들어간다고 한 것 같거든요. 하지만 어쨌든 물어볼게요. 그에게 편지하지 말아주세요. 중간고사가 곧 다가와서 전 꽤 바빠질 거예요. 기회가 생기면 다시 편지 쓸게요. 멜

writing tutor if you could let me deal with my own problems을 직역하면 '내 문제는 내가 처리하도록 해줄 수 있다면' 으로, 내버려두라고 완곡하게 말하고 있는 거예요. 이런 식으로 공손하게 일종의 '거절'을 표현할 수 있습니다. 꼭 편지가 아니라도 평소에 한번 사용해 보세요.

8 멜라니와 케빈 사이에 뭔가 심상치 않은 기류가 감지되는군요.

choose your words 다음에서 빈칸에 들어갈 표현을 고르세요.

- sometime 언젠가
- mean to ~하려고 하다
- mail 우편
- sooner 더 빨리
- matter 문제

letter in the making 빈칸을 채워 편지를 완성하세요.

Dear Kevin

How have you been? I have been busy preparing for my midterms. I hope you are keeping up with your school work. I ______________ write you __________, but I was too busy with school. By the way, why haven't you been writing to me? Or calling me for that ___________.

My mother wants to know what you will be doing over the summer. She thinks you will have time to visit New York. But I told her you will be too busy with an internship to visit me. Call me ____________.

Sincerely,

Mel

PS. Please send me all my CDs by ___________.

Where there's a will, there's a way!

뜻이 있는 곳에 길이 있습니다!

finished diary 아하! 이렇게 쓰는 거구나!!!

Dear Kevin,

How have you been? I have been busy preparing for my midterms. I hope you are keeping up with your school work. I meant to write you sooner, but I was too busy with school. By the way, why haven't you been writing to me? Or calling me for that matter. My mother wants to know what you will be doing over the summer. She thinks you will have time to visit New York. But I told her you will be too busy with an internship to visit me. Call me sometime.

Sincerely, Mel

PS. Please send me all my CDs by mail.

케빈에게, 어떻게 지냈니? 난 중간고사 준비로 바빠. 너도 학교 공부를 잘 따라가길 바라. 너한테 더 빨리 편지 쓰려고 했지만 학교생활로 바빴어. 그건 그렇고, 왜 나한테 편지 안 썼니? 아님 전화라고 하지. 우리 어머니가 네가 여름에 뭘 할지 알고 싶어하셔. 네가 뉴욕에 올 시간이 있을 거라 생각하시거든. 하지만 네가 인턴십 때문에 바빠서 나를 보러 올 수 없을 거라고 얘기했어. 언제 전화 한번 줘. 멜
추신: 우편으로 내 CD 전부 보내줘.

writing tutor 여기서는 have been -ing의 현재완료 진행형 시제가 많이 나오고 있는데요. 현재완료와 마찬가지로 과거에서 현재까지 계속 진행되는 일을 표현하는 시제형태입니다. 현재완료 진행형이 진행의 의미가 강조된다는 점 외에는 이 둘의 차이는 그다지 크지 않답니다.

9 그동안 케빈이 멜라니의 편지를 받지 못했다네요.

choose your words **다음에서 빈칸에 들어갈 표현을 고르세요.**

- line 전화
- obvious 명백한
- concentrate 집중하다
- avoid 피하다
- charge 담당, 책임

letter in the making 빈칸을 채워 편지를 완성하세요.

Dear Mel,

What do you mean? I have been writing you every week for the past three months. I thought you were the one not writing back to me. In fact, I called you every weekend but your ______________ was always busy. I thought you were just trying to ______________ me. I was so worried that I could not ______________ on my schoolwork.

Maybe you should talk to the person in ____________ of your dormitory. It is ______________ that someone in your dormitory is controlling the phone lines and making sure you are not receiving my letters.

Sincerely,

Kevin

Practice makes perfect!
아시죠? 연습만이 살 길이다!

finished diary 아하! 이렇게 쓰는 거구나!!!

Dear Mel,

What do you mean? I have been writing you every week for the past three months. I thought you were the one not writing back to me. In fact, I called you every weekend but your line was always busy. I thought you were just trying to avoid me. I was so worried that I could not concentrate on my schoolwork. Maybe you should talk to the person in charge of your dormitory. It is obvious that someone in your dormitory is controlling the phone lines and making sure you are not receiving my letters.

Sincerely, Kevin

멜에게, 무슨 말이야? 난 지난 석 달 동안 매주 너에게 편지를 써왔다고. 답장을 안 하는 건 너라고 생각했어. 사실 주말마다 너에게 전화했지만 항상 통화 중이더라. 네가 나를 피하는 줄 알았어. 너무 걱정되서 학교 공부에 집중할 수가 없었다고. 기숙사를 책임지고 있는 사람한테 얘기해야 할 것 같아. 네 기숙사의 누군가가 전화선을 통제하고 내 편지를 받지 못하게 하는 게 확실해. 케빈

• in charge of ~을 책임지는, 담당하는 • make sure 확실히 하다 • receive 받다

writing tutor 영어 편지의 특징 중 하나는 Hi, How are you? 같은 인사가 생략되는 경우가 많다는 것입니다. 이처럼 매우 친한 사이에서 지속적으로 주고받는 편지일 경우, 더욱 흔하답니다.

10 앗~! 멜라니가 케빈에게 이별을 이야기하고 있네요…

choose your words 다음에서 빈칸에 들어갈 표현을 고르세요.

- too 너무
- finally 결국
- firstly 우선
- best of luck 행운

letter in the making 빈칸을 채워 편지를 완성하세요.

Dear Kevin,

This is the last letter I will be sending you. I have been thinking about our relationship and I am not sure if we have a future together. ____________, we are both ____________ busy with schoolwork. Secondly, I am tired of this long distance relationship. ____________, I have met someone new. I hope you will understand my point of view. ____________ with all your future endeavors.

Sincerely,

Mel

✓ Better late than never!
늦었다고요? 늦었다고 생각할 때가 가장 빠르단 거 아시죠? *^^*

finished diary 아하! 이렇게 쓰는 거구나!!!

Dear Kevin,

This is the last letter I will be sending you. I have been thinking about our relationship and I am not sure if we have a future together. Firstly, we are both too busy with schoolwork. Secondly, I am tired of this long distance relationship. Finally, I have met someone new. I hope you will understand my point of view. Best of luck with all your future endeavors.

Sincerely, Mel

케빈에게, 이것이 네게 보내는 마지막 편지가 될 거야. 난 우리 관계에 대해 생각해봤고 우리가 미래를 같이 할 수 있을지 확신이 서질 않았어. 우선, 우리는 둘 다 학교 공부 때문에 너무 바빠. 둘째로, 나는 이 장거리 관계에 싫증이 났어. 마지막으로, 난 새로운 사람을 만나고 있어. 네가 나를 이해해주길 바라. 네 미래에 행운이 가득하길. 멜

- relationship 관계 • long distance 장거리 • point of view 견해, 태도 • endeavor 노력

writing tutor 때로 편지는 얼굴을 마주보고 하기 어려운 말을 할 수 있는 수단이 되기도 합니다. 여기서는 상대를 이해시키기 위해 조목조목 헤어지는 이유를 따지고 있는데요. 이때 Firstly, Secondly, Finally,가 아주 유용하고 쓰이고 있어요. 눈여겨봐두세요.

멜라니의 편지에 케빈이 매우 놀라고 당황스러워하네요.

choose your words 다음에서 빈칸에 들어갈 표현을 고르세요.

- with
- in
- through ~을 통해서
- up
- to

letter in the making 빈칸을 채워 편지를 완성하세요.

Dear Mel,

Your letter was a big shock to me. Did you mean everything you wrote __________ the letter? I can't believe you are leaving me. I'm sorry I didn't pay more attention to you, but I was very busy __________ school. And what do you mean you have met someone new? Did I do something wrong __________ make you dump me?

Please pick __________ your phone. I can't communicate with you __________ mail. I am extremely frustrated. I need to talk to you ASAP!

Kevin

우리 모두 영어의 재미에 푸욱~ 빠져보아요 *^^*

finished diary 아하! 이렇게 쓰는 거구나!!!

Dear Mel,

Your letter was a big shock to me. Did you mean everything you wrote in the letter? I can't believe you are leaving me. I'm sorry I didn't pay more attention to you, but I was very busy with school. And what do you mean you have met someone new? Did I do something wrong to make you dump me? Please pick up your phone. I can't communicate with you through mail. I am extremely frustrated. I need to talk to you ASAP!

Kevin

멜에게, 네 편지는 나한테 큰 충격이었어. 편지에 쓴 모든 게 진심이야? 네가 날 떠나려 한다는 게 믿을 수가 없어. 너한테 신경 써주지 못해서 미안하지만, 난 정말 학교 때문에 바빴어. 그리고 새로운 사람을 만나고 있다는 게 무슨 말이야? 네가 날 차버리게 만든 어떤 잘못이라도 내가 저지른 거야? 전화 좀 받아. 편지로는 너랑 얘기를 나눌 수 없어. 난 극도의 절망상태야. 너와 가능한 한 빨리 얘기해야겠어!

• frustrated (사람을) 실망시킨, 좌절한 • ASAP 가능한 한 빨리(= as soon as possible)

writing tutor Out of sight, out of mind, 몸이 멀어지면 마음도 멀어진다, 모두들 아시죠? 바로 멜라니와 케빈을 두고 하는 이야기 같네요. 여기서 한 가지 유용한 표현! make you dump me 하면 '나를 차게 만들다'라는 뜻이죠. dump는 원래 '쓰레기 등을 내버리다', '무책임하게 버리다' 는 뜻인데, 바로 연인 사이에서도 이렇게 쓰일 수 있습니다.

12 보다 못한 케빈의 친구 댄이 멜라니에게 편지를 쓰고 있네요.

choose your words 다음에서 빈칸에 들어갈 표현을 고르세요.

- but 하지만
- when ~할 때
- if ~인지 아닌지
- none 아무것도 ~않다
- during ~동안

letter in the making 빈칸을 채워 편지를 완성하세요.

Dear Mel,

Hi, Mel. I am not sure ____________ you remember me ____________ I am Kevin's roommate Dan. We met at the airport ____________ I picked you up ____________ your visit last summer.

I know it is ____________ of my business, but I really thought I should write to you. Kevin has not been himself these days. He is not eating, sleeping, and attending school. He has been trying to call you for the past week. In any case, please send him a letter or call him.

Dan

✓ '내가 잘할 수 있을까?' 하는 의구심이 생긴다고요?
의심하지 마세요! 여러분은 할 수 있습니다!

finished diary 아하! 이렇게 쓰는 거구나!!!

Dear Mel,

Hi, Mel. I am not sure if you remember me but I am Kevin's roommate Dan. We met at the airport when I picked you up during your visit last summer. I know it is none of my business, but I really thought I should write to you. Kevin has not been himself these days. He is not eating, sleeping, and attending school. He has been trying to call you for the past week. In any case, please send him a letter or call him.

Dan

멜에게, 안녕 멜. 기억할지 모르겠지만 나는 케빈의 룸메이트 댄이야. 지난 여름 네가 여기 왔을 때 공항에 너를 마중 나가서 만났었지. 내가 상관할 바 아니라는 것은 알지만 너에게 정말 편지를 써야겠다고 생각했어. 케빈은 요즘 제정신이 아니야. 먹지도, 자지도, 학교에 가지도 않고 있어. 지난주에는 너와 통화를 하려고 했어. 어쨌든 걔한테 편지를 쓰거나 전화를 해줘. 댄

writing tutor 영어에서 라이팅과 더불어 점점 중요성을 더해가고 있는 것이 바로 '회화능력' 인데요. 이러한 편지쓰기를 통해서 구어체 표현을 익히는 것이 아주 효과적이랍니다. 두 번째 단락의 ... it is none of my business는 회화에서도 흔히 쓰는 표현이죠. It is none of your business.(너랑 상관없잖아.)라는 말도 잘 익혀두세요.

13 마음이 떠난 멜라니, 케빈의 친구에게도 냉정하네요.

choose your words 다음에서 빈칸에 들어갈 표현을 고르세요.

- good 좋은
- future 미래
- lucky 운 좋은
- send 전하다
- move 나아가다

letter in the making 빈칸을 채워 편지를 완성하세요.

Dear Dan,

Thank you for your letter. First of all, I think Kevin is ______________ to have such a ____________ friend like you. Secondly, Kevin and I are both adults so we should be responsible for our actions. I feel that our long distance relationship has no ____________. Besides, I would like to meet new people. Please tell Kevin our relationship has ended and he should _________ on.

I do not have anything to say to him, so please ________ him my regards.

Sincerely,

Mel

'The word "impossible" is not in my dictionary'
아시죠? 여러분 사전에 '불가능'이란 없습니다!

finished diary 아하! 이렇게 쓰는 거구나!!!

Dear Dan,

Thank you for your letter. First of all, I think Kevin is lucky to have such a good friend like you. Secondly, Kevin and I are both adults so we should be responsible for our actions. I feel that our long distance relationship has no future. Besides, I would like to meet new people. Please tell Kevin our relationship has ended and he should move on. I do not have anything to say to him, so please send him my regards.

Sincerely, Mel

댄에게, 편지 고마워. 우선, 케빈이 너처럼 좋은 친구를 두어서 운이 좋다고 생각해. 둘째로, 케빈과 나는 모두 성인이고 그래서 우리는 자기 행동에 책임을 져야 해. 난 우리의 장거리 관계에는 미래가 없다는 것을 느꼈어. 게다가, 나는 새로운 사람들을 만나고 싶어. 케빈에게 우리 관계는 끝났고 잊어야 한다고 전해줘. 난 그에게 할 말이 없어. 그러니까 그에게 내 안부를 전해줘. 멜

- responsible 책임을 져야 할

writing tutor 마지막 문장에 send him my regards라는 표현 있지요? regard는 친밀하지 않은, 딱딱하고 공식적인 관계에서 흔히 쓰는 말입니다. 위의 편지에서 sincerely 대신 regards 혹은 kind regards를 써도 어울리죠.

14 결국 케빈도 이별을 받아들여야 하겠죠?

choose your words **다음에서 빈칸에 들어갈 표현을 고르세요.**

- is
- have
- could ~할 수 있었다
- be
- had

letter in the making 빈칸을 채워 편지를 완성하세요.

Dear Mel,

This will ____________ the last letter I will be sending you.

I have thought long and hard about why our relationship __________ turned sour. The only conclusion I __________ come up with __________ that you decided to move on with your life. I don't particularly blame you for your decision, but I thought maybe we could __________ ended our relationship on a better note.

Anyways, best wishes for your future. I hope you do well in school and in life.

Sincerely,

Kevin

언젠가는 영어 라이팅을 마스터하리라!
꿈을 크게 가지세요!

finished diary 아하! 이렇게 쓰는 거구나!!!

Dear Mel,

This will be the last letter I will be sending you.

I have thought long and hard about why our relationship had turned sour. The only conclusion I could come up with is that you decided to move on with your life. I don't particularly blame you for your decision, but I thought maybe we could have ended our relationship on a better note. Anyways, best wishes for your future. I hope you do well in school and in life.

Sincerely, Kevin

멜에게, 이 편지가 너에게 보내는 마지막이 될 거야. 난 우리의 관계가 악화된 이유에 대해 심각하게 생각해봤어. 내가 내린 유일한 결론은 네가 새로운 삶을 살기로 마음먹었다는 거야. 난 특별히 너의 결정에 대해 비난하지 않지만 우리 관계를 더 좋게 끝낼 수도 있었지 않았을까 하고 생각했어. 어쨌든, 네 미래에 행운을 빌게. 학교와 인생이 잘 풀리길 빌어. 케빈

- come up with ~을 생각해내다
- particularly 특별히
- blame 탓하다, 비난하다
- note 분위기; 어조

writing tutor 여기서 sour는 '맛이 신'의 뜻이 아니라, '좋지 않은, 나쁜'의 구어체 표현입니다. 또한 하단의 could have ended는 '끝낼 수 있었을 텐데'라는 뜻으로 섭섭한 마음, 아쉬운 마음을 표현할 때 사용됩니다.

15 멜라니가 엄마에게 편지로 새로운 남자 친구 앤드류를 소개하네요.

choose your words **다음에서 빈칸에 들어갈 표현을 고르세요.**

- around ~주변에
- piece (한) 개
- really 정말로
- both 둘 다
- way 길

letter in the making 빈칸을 채워 편지를 완성하세요.

Dear Mom,

How are things at home? I have an interesting ____________ of news for you. Kevin and I are no longer seeing one another. We have ____________ decided to go our separate ____________. The long distance relationship was stressful for both of us. Besides, I met this wonderful new guy Andrew. He is ____________ sweet and he is willing to show you guys ____________ the city during the summer. I think you are going to like him.

I have to go write a report at the library so I will stop here. Hope to hear from you soon.

With love,

Mel

때론 지치고 힘들지만,
조금씩 나아지는 자신이 보일 겁니다! 힘내세요!

finished diary 아하! 이렇게 쓰는 거구나!!!

Dear Mom,

How are things at home? I have an interesting piece of news for you. Kevin and I are no longer seeing one another. We have both decided to go our separate ways. The long distance relationship was stressful for both of us. Besides, I met this wonderful new guy Andrew. He is really sweet and he is willing to show you guys around the city during the summer. I think you are going to like him. I have to go write a report at the library, so I will stop here. Hope to hear from you soon.

With love, Mel

엄마에게, 집은 별일 없지요? 흥미로운 소식이 있어요. 케빈과 나는 더 이상 만나지 않아요. 우리는 각자의 길을 가기로 결정했어요. 장거리 관계는 우리 둘 모두에게 스트레스였어요. 게다가, 난 새로운 남자 앤드류를 만났어요. 그는 정말 다정해요, 그리고 그는 여름 동안 엄마 아빠에게 기꺼이 도시 구경을 시켜주고 싶어해요. 그를 좋아하게 될 것이라 생각해요. 도서관에 리포트 쓰러 가야 해서 이만 줄일게요. 답장 기다릴게요. 사랑을 담아, 멜

- no longer 더 이상 ~않다
- separate 따로따로의
- stressful 스트레스가 많은
- be willing to 기꺼이 ~하다

writing tutor 남녀가 '사귀다'를 영어로 어떻게 표현해야 할지, 언뜻 안 떠오르시죠? We are seeing together., We are going out together.로 표현하시면 됩니다. 여기서는 '더 이상 만나지 않는다'는 의미로 We are no longer seeing one another.가 쓰였어요.

16 멜라니가 전화를 받지 않아 엄마의 애를 태우고 있군요.

choose your words **다음에서 빈칸에 들어갈 표현을 고르세요.**

- reply 답장
- about ~에 대해서
- so 아주
- really 정말로
- through 처음부터 끝까지

letter in the making 빈칸을 채워 편지를 완성하세요.

Dear Mel,

I tried calling you on your cell phone, but you have not been answering my calls. Are you busy with your schoolwork? Anyways, I am sending you this letter in ______ to your last mail. I know you are already an adult and you know what you are doing. However, I am not ________ sure ______ this new guy you are meeting. I have not met him before, but I have a bad feeling about him. I know you think I am nagging but I ______ hope you know what you are doing. Kevin is really a nice boy. I do hope you have thought this ________.

Sincerely,

Mom

✓No pain, no gain! 어려움 없이는 아무것도 성취할 수 없습니다! Cheer up!!

finished diary 아하! 이렇게 쓰는 거구나!!!

Dear Mel,

I tried calling you on your cell phone, but you have not been answering my calls. Are you busy with your schoolwork? Anyways, I am sending you this letter in reply to your last mail. I know you are already an adult and you know what you are doing. However, I am not so sure about this new guy you are meeting. I have not met him before, but I have a bad feeling about him. I know you think I am nagging but I really hope you know what you are doing. Kevin is really a nice boy. I do hope you have thought this through.

Sincerely, Mom

멜에게, 네 핸드폰으로 전화했지만 받지 않더구나. 학교 공부로 바쁘니? 어쨌든, 지난번 편지에 대한 답장으로 이걸 보낸다. 넌 이미 성인이고 지각이 있다는 걸 안다. 하지만, 난 네가 만나는 새로운 남자애에 대해 확신이 서질 않는다. 그를 만나본 적은 없지만 그에 대해 나쁜 느낌이 드는구나. 내가 잔소리한다고 생각할 걸 알지만 정말로 네가 무엇을 하고 있는지 알길 바란다. 케빈은 좋은 애야. 이 점을 잘 생각하길 정말 바란다.

- nag 잔소리하다 • cell phone 휴대전화

writing tutor 흔히들 '쓸 말이 생각 안 난다' 고 하지요? 어렵게 생각할 필요 없습니다. 소박한 일상의 이야기를 한 줄 한 줄 영어로 표현해 보세요! 짧아도 좋습니다. 여기 나오는 편지도 그렇게 길지 않잖아요.

17 아직도 엄마는 멜라니의 연락을 받지 못했나봐요.

choose your words 다음에서 빈칸에 들어갈 표현을 고르세요.

- that
- this
- over ~동안
- what
- like ~같은

letter in the making 빈칸을 채워 편지를 완성하세요.

Dear Mel,

You still haven't called or written back. I am getting very worried over here. Is something wrong? If I do not get a reply from you, I'm going to have to call Kevin and ask him to visit your school ________ the weekend. I'm sure you don't want me to do ________. But honey, I am very worried and I want to find out ________ is going on. It is not ________ you to ignore my letters. Please let me know what is going on, alright? Please call me on my cell phone the moment you read ________ letter.

Sincerely,
Mom

✓ Knowledge is power!!
지식과 정보화 사회! 아는 것이 힘! *^^*

finished diary 아하! 이렇게 쓰는 거구나!!!

Dear Mel,

You still haven't called or written back. I am getting very worried over here. Is something wrong? If I do not get a reply from you, I'm going to have to call Kevin and ask him to visit your school over the weekend. I'm sure you don't want me to do that. But honey, I am very worried and I want to find out what is going on. It is not like you to ignore my letters. Please let me know what is going on, alright? Please call me on my cell phone the moment you read this letter.

Sincerely, Mom

멜에게, 넌 아직 전화도, 답장도 안하고 있구나. 난 여기서 무척 걱정을 하고 있어. 무슨 일이 있는 거니? 너에게 답장을 받지 못하면 케빈에게 전화해서 주말에 네 학교로 가라고 부탁할 수밖에 없어. 네가 그렇게 하길 원치 않는다는 걸 안다. 하지만, 얘야, 난 너무 걱정이 되고 일이 어떻게 돌아가고 있는지 알고 싶어. 내 편지를 무시하는 건 너답지 않구나. 무슨 일이 있는지 알려줘, 알았지? 이 편지 읽는 즉시 내 핸드폰으로 전화해라. 엄마

• ignore 무시하다 • moment 순간

writing tutor 영어로 편지를 쓸 때 본인이 쓰고자 하는 표현을 미리 조사해 보세요. 이렇게 하면서 영어 공부의 효과를 두 배, 세 배 높일 수 있답니다!

18 결국 멜라니의 엄마가 케빈에게 편지를 쓰고 말았군요~!

choose your words 다음에서 빈칸에 들어갈 표현을 고르세요.

- mature 성숙한
- situation 상황
- recover 회복하다
- favor 호의
- recently 최근에

letter in the making 빈칸을 채워 편지를 완성하세요.

Dear Kevin,

How are you? This is Mel's mother. You must be wondering why I am writing a letter to you. Well, I have heard that both you and Mel have just __________ broken up. I believe that you guys are __________ enough to deal with the __________ as adults.

The reason why I am writing to you is to ask a ________ from you. I haven't received any word from Mel for the past couple of weeks. Would you be kind enough to visit her over the weekend to check if she is alright? I would go myself but I have to take care of Mel's father who is still __________ from his operation. Thank you.

Warm Regards,

Mel's Mother

✓ Every cloud has a silver lining!
괴로움 뒤에는 기쁨이 있는 법이죠!

finished diary 아하! 이렇게 쓰는 거구나!!!

Dear Kevin,

How are you? This is Mel's mother. You must be wondering why I am writing a letter to you. Well, I have heard that both you and Mel have just recently broken up. I believe that you guys are mature enough to deal with the situation as adults. The reason why I am writing to you is to ask a favor from you. I haven't received any word from Mel for the past couple of weeks. Would you be kind enough to visit her over the weekend to check if she is alright? I would go myself but I have to take care of Mel's father who is still recovering from his operation. Thank you.

Warm Regards, Mel's Mother

케빈에게, 어떻게 지내니? 난 멜의 엄마야. 내가 왜 너에게 편지 쓰는지 궁금할 거야. 음, 너와 멜이 최근에 헤어졌다는 걸 들었다. 난 너희들이 성인으로서 상황에 대처할 수 있을 만큼 성숙하다고 믿어. 너에게 편지를 쓰는 이유는 부탁이 있어서야. 난 멜에게서 지난 2주 동안 어떤 소식도 듣지 못하고 있어. 그 애가 괜찮은지 주말 사이에 가서 확인해줄 수 있겠니? 내가 직접 가야겠지만 멜의 아빠가 아직 수술에서 회복하는 중이라 보살펴야 해. 고맙다. 멜의 엄마

writing tutor 영작을 할 때 유의해야 할 점은 다른 사람이 당신의 글을 이해할 수 있어야 한다는 겁니다. 한번 쓰고 나서 스스로 어색한 부분을 체크해보거나, 주위에 영어 잘하는 사람에게 교정을 받아보세요.

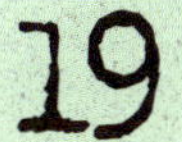

케빈은 착하게도 멜라니 엄마의 부탁대로 멜라니를 찾아갔네요.

choose your words 다음에서 빈칸에 들어갈 표현을 고르세요.

- down
- keep
- remain 남아 있다
- soon
- here

letter in the making 빈칸을 채워 편지를 완성하세요.

Dear Mrs. Johnson,

As ________ as I got your letter, I made travel plans to visit Mel at her school. I have been ________ for the past two days, and I have been unsuccessful in tracking her ________. Her neighbors claim she hasn't been back home for quite awhile now.

I have reported her disappearance to the police. Please do not be alarmed. The police have promised to do their best to find out what happened to Mel. As for me, I will ________ here for a couple of more days to find out more information about her whereabouts. I will ________ you up to date on any progress.

Warm Regards,

Kevin

믿으세요!
여러분은 할 수 있습니다!

finished diary 아하! 이렇게 쓰는 거구나!!!

Dear Mrs. Johnson,

As soon as I got your letter, I made travel plans to visit Mel at her school. I have been here for the past two days, and I have been unsuccessful in tracking her down. Her neighbors claim she hasn't been back home for quite awhile now. I have reported her disappearance to the police. Please do not be alarmed. The police have promised to do their best to find out what happened to Mel. As for me, I will remain here for a couple of more days to find out more information about her whereabouts. I will keep you up to date on any progress.

Warm Regards, Kevin

존슨 아주머니께, 아주머니 편지를 받자마자 멜의 학교로 그 애를 만나러 갈 여행계획을 세웠어요. 여기에 지난 이틀 동안 있었지만 그녀를 찾지 못했어요. 그녀의 이웃들이 꽤 오랫동안 집에 돌아오지 않았다고 해요. 경찰에 실종신고를 했어요. 너무 놀라지 마세요. 경찰이 멜에게 무슨 일이 일어났는지 최선을 다해 알아내겠다고 약속했어요. 저는요, 며칠 더 여기 머물면서 그녀의 행방에 대해 더 알아볼게요. 진척이 있으면 알려드릴게요. 케빈

- track down 추적하다, 따라가서 잡다
- whereabouts 소재, 행방

writing tutor track down은 '찾아내다, 탐지하다'는 뜻으로 범인을 찾아내려고 할 때도 쓸 수 있습니다. 이렇게 제가 짚어드리는 표현, 한두 개씩 꼭 챙겨두세요!

20 케빈이 멜라니의 실종에 대해 더 이상 진전이 없다고 전하네요.

choose your words 다음에서 빈칸에 들어갈 표현을 고르세요.

- wrong 잘못된
- still 여전히
- aid 돕다
- last 마지막으로
- best 최선의

letter in the making 빈칸을 채워 편지를 완성하세요.

Dear Mrs. Johnson

I am writing to inform you that the police are _________ carrying out their investigations. The police claim that they have interviewed witnesses who _________ saw Mel with a male friend. The police have identified him as Andrew Gibson. Do you happen to know this person?

Mrs. Johnson, I don't mean to alarm you, but the police believe that there is something _________ with Mel's disappearance. I think it would be _________ if you could come here to _________ in the investigation.

Regards,

Kevin

✓ 아무리 좋은 책도 스스로 열심히 하지 않으면 소용 없습니다!! 잘 따라오고 계시죠? ^^*

finished diary 아하! 이렇게 쓰는 거구나!!!

Dear Mrs. Johnson,

I am writing to inform you that the police are still carrying out their investigations. The police claim that they have interviewed witnesses who last saw Mel with a male friend. The police have identified him as Andrew Gibson. Do you happened to know this person? Mrs. Johnson, I don't mean to alarm you but the police believe that there is something wrong with Mel's disappearance. I think it would be best if you could come here to aid in the investigation.

Regards, Kevin

존슨 아주머니께, 경찰이 아직 수사를 진행 중에 있다는 걸 알려드리려고 편지 써요. 경찰은 남자 친구와 함께 있는 멜을 마지막으로 봤다는 증인들과 면담했다고 해요. 경찰은 그 남자가 앤드류 깁슨이라고 신원을 확인했어요. 혹시 이 사람을 아시나요? 존슨 아주머니, 놀라게 해드릴 생각은 없지만 경찰이 멜의 실종에 무슨 일이 있다고 믿고 있어요. 아주머니가 여기 오셔서 수사에 협조하시는 게 최선이라고 생각돼요. 케빈

- **identify** 인지하다, 확인하다

writing tutor Do you happen to know this person?은 '이 사람을 혹시 아나요?' 라는 뜻입니다. Do you happen to...?는 대화에서도 흔히 쓰이는 표현이죠. 여러분도 연습하면서 꼭 사용해보세요!

편지에서 흔히 쓰이는 문구

Coffee Break

- Dear Sir or Madam,
  받는 사람이 누구인지 확실치 않을 때 쓰는 표현

- To whom it may concern
  관계자님께

- I look forward to hearing from you.
  회신을 기다리겠습니다.

- Thanks for your letter (invitation, offer, confirmation).
  당신의 편지(초대, 제안, 확인)에 감사드립니다.

- Sorry for the late reply.
  회신이 늦어 미안합니다.

- Please accept my sincere apology for 명사구.
  (명사구)에 대한 나의 진심어린 사과를 받아주세요.

- Thanks in advance.
  미리 감사드립니다.

- We would like to invite you to ~.
  ~에 당신을 초대하고 싶습니다.

- I would like to send you my deepest sympathies on ~
  ~에 당신에게 깊은 조의를 표하는 바입니다.

- I'm writing this letter in the hope that ~
  ~라는 희망을 가지고 이 편지를 씁니다.

- If you have any questions, please don't hesitate to call me at XXX-XXXX or e-mail at xxx@xx.com
  만약 질문이 있으시면, 주저하지 말고 XXX-XXXX로 연락하시거나 xxx@xx.com로 이메일 보내주세요.

PART 3

토막소설 쓰기

주어진 소재와 단어들을 가지고

소설 완성하기

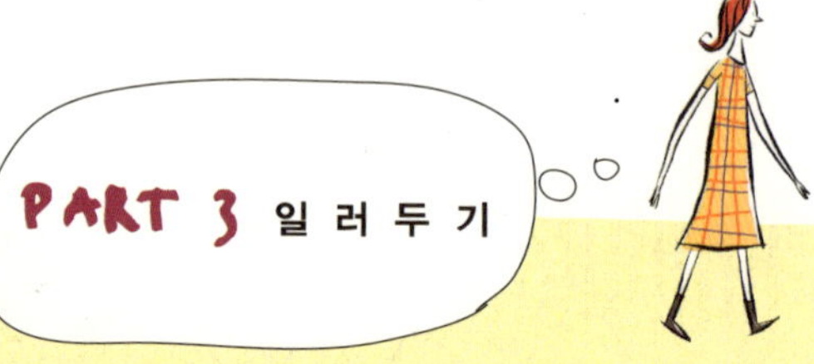

제시된 표현과 간단한 줄거리를 가지고 유닛마다 한 단락씩 이야기를 만들어봅니다. 2~6개 유닛을 마치면 하나의 이야기가 완성됩니다.

1.pick your words

여기에는 해당 토막소설에 쓸 수 있는 표현이 제시되어 있습니다.

2.create your own

위에 나온 표현들을 사용해 짧은 단락을 만듭니다. 쓰면서 페이지 하단에 있는 격려의 글을 보며 용기를 얻습니다.

3.check the sample story

원어민의 이야기를 보고 자신의 것과 비교해봅니다. 그러고 나서 원어민의 이야기에서 맘에 드는 표현이 있으면 배워봅니다.

4.writing tutor

글쓰기 요령 및 꼭 필요한 문법 및 어휘에 대한 설명이 들어 있습니다. 머릿속에 잘 새겨두세요.

토막소설 하나 #1

숲을 지나던 개구리 무리 중 두 마리가 구덩이에 빠지게 되어 겪는 이야기입니다. 구덩이 밖에 있는 개구리들은 너무 깊다며 포기하라고 하네요.

pick your words 이 표현들을 써주세요.

- a group of frogs 한 무리의 개구리
- woods 숲
- fall 떨어지다
- pit 구덩이
- deep 깊은
- as good as dead 죽은 것과 다름이 없는

create your own 나만의 스토리, 첫째 단락을 써보세요.

✓ 이제 흥미로운 이야기 쓰기가 시작됐네요~!
무엇보다 재밌는 상상 많이 해보고 영어로도 써보세요!
여러분이 후에 훌륭한 작가가 될지는 아무도 알 수 없는 거 아니겠어요?

check the sample story 원어민의 스토리입니다.

A group of frogs were traveling through the woods.

Two of them fell into a deep pit.

When the other frogs saw how deep the pit was, they told the two frogs that they were as good as dead.

개구리 무리가 숲을 통과하고 있었습니다.
그 중 두 마리가 깊은 웅덩이에 빠졌습니다.
다른 개구리들은 웅덩이가 얼마나 깊은지를 보고 두 마리 개구리에게 죽은 것이나 마찬가지라고 말했습니다

• travel 이동하다, 여행하다

writing tutor 우리가 가장 흔히 하는 실수 하나! 바로 '복수형' 쓰기입니다. wood는 본래 '나무, 재목' 이라는 뜻인데, 복수형으로 써야만 '숲' 이라는 뜻이 된답니다. 복수형 쓰기! 연습하면 누구나 익숙해질 수 있습니다.

토막소설 하나 #2

누구나 궁지에 몰리면 어떻게든 발버둥을 치게 되겠죠? 이 개구리들도 그런 것 같네요.

pick your words **이 표현들을 써주세요.**

- ignore 무시하다
- all their might 온 힘을 다해
- jump 뛰어오르다
- stop 멈추다

create your own 나만의 스토리, 둘째 단락을 써보세요.

Confidence makes perfect!!
우리가 '사람'이기에 가질 수 있는 무기! 자신감이죠!

check the sample story 원어민의 스토리입니다.

The two frogs ignored the comments and tried to jump out of the pit with all their might. The other frogs kept telling them to stop because they were as good as dead.

두 마리의 개구리는 이 말을 무시하고
있는 힘을 다해 웅덩이 밖으로 나오려고 팔짝 뛰었습니다.
다른 개구리들은 계속해서 포기하라고 말했습니다. 죽은 거나 마찬가지이기에.

• comment 소견, 비평 • out of ~밖으로 • keep -ing 계속 ~하다

writing tutor 이런 이야기를 잘 쓰려면, 아니 라이팅을 잘하려면 어떻게 해야 좋을까요? 그렇습니다! 많이 읽어야 해요. 시중에 나와 있는 영어로 된 수많은 이야기책, 동화책을 사서 읽고 모방해보세요. 이미 내용을 알고 있는 '백설공주', '이솝우화' 같은 것들도 충분히 좋은 교재가 될 수 있습니다. 위의 원어민처럼 쓰는 게 남의 이야기가 아닌 날이 꼭 옵니다!

토막소설 하나 #3

결국 두 마리 중 하나는 포기했고, 다른 하나는 살아남으려고 발버둥을 치고 있네요.

pick your words **이 표현들을 써주세요.**

- finally 마침내
- take heed 주의하다, 조심하다
- give up 포기하다
- die 죽다
- refuse 거부하다
- as hard as he can 가능한 한 열심히

create your own 나만의 스토리, 셋째 단락을 써보세요.

✓ 점점 늘어가는 자신의 영어 실력이 보이나요? 그렇죠? *^^*

check the sample story 원어민의 스토리입니다.

Finally, one of the frogs took heed of what the other frogs were saying and gave up. He fell down and died. The other frog refused to give up and continued to jump as hard as he could.

마침내, 개구리 중 한 마리가 다른 개구리들이 하는 말을 주의 깊게 듣고 포기했습니다. 그 개구리는 털썩 쓰러지더니 죽었습니다. 나머지 개구리는 포기하기를 거부하고 계속해서 있는 힘껏 팔짝 뛰어올랐습니다.

• continue 계속하다

writing tutor 글이란 결국은 자신이 알고 있는 것이 표현되어서 나오는 것입니다. 평소에 다양한 분야에 관심을 갖고, 영어 표현을 알아보는 과정에서 실력이 향상되고, 또 자신만의 글, 자신만의 이야기를 쓸 수 있게 되는 것이지요. 평소에 영자신문, 잡지 등을 통해서 다양한 영어를 접해보는 것도 좋은 방법이고요. 신문에 나오는 4컷짜리 영자 만화들을 눈여겨보는 것도 좋습니다. 이처럼 동물에게 생기를 부여해서 사람인 양 써보는 우화도 아주 재미있겠지요?

토막소설 하나 #4

자신의 삶을 포기하지 않은 개구리는 결국 밖으로 빠져나왔네요!

pick your words **이 표현들을 써주세요.**

- crowd of frogs 개구리 무리
- stop the pain 고통을 멈추다
- even harder 훨씬 더 세게
- make it out 밖으로 나오는 데 성공하다
- Didn't you hear us? 우리가 말하는 것 못 들었니?

create your own 나만의 스토리, 넷째 단락을 써보세요.

✓ 여러분도 이 개구리가 되어보세요!
죽음이 눈앞에 보여도 포기하지 않는 거죠!

check the sample story 원어민의 스토리입니다.

Once again, the crowd of frogs yelled at him to stop the pain and just die. He jumped even harder and finally made it out. When he got out, the other frogs said, "Didn't you hear us?"

또 다시 개구리 무리는 남은 개구리에게 고통을 멈추고
그냥 죽음을 맞으라고 외쳤습니다.
그러자 훨씬 더 힘차게 뛰어올라 마침내 밖으로 나왔습니다.
그 개구리가 나오자 나머지 개구리들이 말했습니다.
"너 우리 소리 안 들렸어?"

• **yell** 외치다

writing tutor 직접 창작을 해야 한다는 게 난감하고 막막하다면, 잘 아는 전래동화나 서양의 신데렐라 이야기 같은 것을 살짝 본따서 영어로 써보는 것도 효과적이라고 앞서 언급한 바 있습니다. 단, 여기서 주의사항 하나. 우리말로 이미 되어 있는 것을 영어로 옮기지 마세요. 시간이 훨씬 오래 걸리고 힘들더라도, 본인이 직접 생각나는 것을 써보는 것이 결과적으로 도움이 됩니다. 라이팅을 할 때는 결코 우리말로 써놓은 후 그것을 번역하는 일이 없어야겠습니다. 이런 방식으로는 '영어식 사고'를 할 수 없기 때문이죠. 라이팅은 영어식 사고방식을 기르는 가장 좋은 방법이기도 하니까요.

토막소설 하나 #5

그 개구리는 알고 보니, 청각장애 개구리였다네요! *^^*

pick your words 이 표현들을 써주세요.

- explain 설명하다
- deaf 귀머거리의
- think 생각하다
- encourage 격려하다
- realize 깨닫다
- power of positive thinking 긍정적인 사고의 힘

create your own 나만의 스토리, 다섯째 단락을 써보세요.

✓ 긍정적인 사고의 힘! 이 개구리만 봐도 알 수 있죠?
Be positive! You can do it!

check the sample story 원어민의 스토리입니다.

The frog explained to them that he was deaf. He thought they were encouraging him the entire time. The frogs realized the power of positive thinking.

그 개구리는 자기 귀가 들리지 않는다고 설명했습니다.
그는 내내 그들이 자신을 응원해주는 줄 알았던 것입니다.
개구리들은 긍정적인 사고의 힘을 깨달았습니다.

• **entire** 전체의

writing tutor 이렇게 짧은 몇 문장이라도 계속해서 쓰다보면 결국 그것이 자신의 실력으로 돌아옵니다. 단, 쓰고 나서 문법적으로 어색한 부분은 없는지, 단 · 복수형을 제대로 맞춰서 썼는지, 적절하게 쉼표(,) 등 구두점을 사용했는지를 살펴보세요. 그리고 항상 사전을 옆에 두고 어떤 표현을 사용할지 생각해보세요.

토막소설 둘 #1

화를 아주 잘 내는 소년에 대한 이야기예요. 이 소년의 아버지는 아들이 성질을 부릴 때마다 못을 담장에 박으라고 시켰다네요.

pick your words 이 표현들을 써주세요.

- little boy 어린 소년
- bad temper 나쁜 성질
- father 아버지
- bag of nails 못 한 주머니
- lose one's temper 화를 내다
- hammer 못을 박다
- fence 담장

create your own 나만의 스토리, 첫째 단락을 써보세요.

✓ 영어 라이팅의 최고수가 될 거라고
마음속으로 매일 다짐해보세요! 이루어질 날이 올 겁니다!

check the sample story 원어민의 스토리입니다.

There was a little boy who had a bad temper. His father gave him a bag of nails and told him that every time he lost his temper, he must hammer a nail into a fence.

옛날에 성질을 잘 부리는 소년이 있었습니다.
아버지는 그에게 못 한 자루를 주며
성질이 날 때마다 울타리에
못을 하나씩 박아야 한다고 말했습니다.

• once 일찍이, 한때

writing tutor bad temper는 괴팍하고, 성질을 잘 부리는 그런 성격을 말하는 겁니다. 이 부분을 공부하면서 한 가지 기억해야 할 점은 라이팅의 특성상 '정답'이 없다는 것입니다. 여러분이 이 샘플에 나와 있는 내용과 전혀 다른 글을 쓴다고 해서, 결코 틀리지 않는다는 거죠. 다만, 말이 되게, 이치에 맞게, 다른 사람이 봤을 때 내용을 이해할 수 있게 쓰는 것이 중요합니다.

토막소설 둘 #2

첫날에는 못을 무려 37개나 담장에 박았지만, 점차 그 수가 줄어들고 있는 것 같네요.

pick your words 이 표현들을 써주세요.

- the first day 첫날
- next few weeks 다음 몇 주
- gradually 점차
- drive 37 nails 37개의 못을 박다
- control 조절하다
- decrease 감소하다

create your own 나만의 스토리, 둘째 단락을 써보세요.

✓ 물론 쉽지는 않습니다!
하지만 한 걸음 한 걸음 꾸준히 하는 것이 중요합니다!

check the sample story 원어민의 스토리입니다.

The first day, the boy had driven 37 nails into the fence. Over the next few weeks, as he learned to control his anger, the number of nails hammered gradually decreased.

첫째 날, 소년은 울타리에 37개의 못을 박았습니다.
다음 몇 주 동안, 소년이 화를 조절하는 법을 배움에 따라,
박힌 못의 수는 점차 줄어들었습니다.

• anger 화

writing tutor 쉼표(,)의 쓰임에 대해 하나 익혀보죠. 이 글의 두 번째 문장을 보면 as he learned...가 두 개의 쉼표(,) 사이에 끼어 있습니다. 이런 절을 '삽입절'이라고 하는데요. 이 부분은 이 문장에서 없다고 해도 문법적으로, 혹은 의미상으로 큰 문제가 없습니다. 하지만 강조하거나, 보충해서 설명할 때 아주 유용하죠. 여러분도 한 번 직접 사용해보세요.

토막소설 둘 #3

못을 박는 것이 결코 쉽지 않았죠. 결국 이 소년은 자신의 성질을 죽이는 현명한 선택을 했네요.

pick your words 이 표현들을 써주세요.

- discover 발견하다
- hold one's temper 성질을 죽이다
- finally 마침내
- easier 더 쉬운
- drive nails 못을 박다
- at all 전혀

create your own 나만의 스토리, 셋째 단락을 써보세요.

✓ Don't stop now!!
여기까지 와서 용두사미로 끝내버릴 순 없죠?

check the sample story 원어민의 스토리입니다.

He discovered it was easier to hold his temper than to drive nails into the fence. Finally, the day came when the boy didn't lose his temper at all.

소년은 울타리에 못을 박는 것보다는
화를 참는 게 쉽다는 것을 알게 되었습니다.
마침내, 소년이 전혀 성질을 내지 않는 날이 왔습니다.

writing tutor 자신만의 이야기를 쓸 수 있다는 건 쉽지 않지만 꾸준히 시도해보세요. 이때 '매일매일' 하는 것이 중요합니다. 여기서 표현 하나 살펴볼까요? hold his temper에서 hold는 '잡다' 가 아니라 '억누르다, 억제하다' 는 뜻으로 사용되었습니다. drive 역시 '운전하다' 가 아니라 '(못, 말뚝 등을) 박다' 는 뜻으로 쓰였고요. 앞서도 언급했지만, 단어나 표현의 다양한 의미를 파악해두어야 좋은 글을 쓸 수 있습니다.

토막소설 둘 #4

소년이 아버지에게 이 이야기를 하자, 아버지는 화를 참을 때마다 박힌 못을 하나씩 뽑아내라고 하시네요.

pick your words **이 표현들을 써주세요.**

- suggest 제안하다
- finally 마침내
- pull out 뽑다
- nail 못
- gone 없어진

create your own 나만의 스토리, 넷째 단락을 써보세요.

✓ Never give up! 결코 포기하지 마세요!
인생처럼 영어공부도 마라톤과 같습니다.

check the sample story 원어민의 스토리입니다.

He told his father about it and the father suggested that the boy now pull out one nail for each day that he was able to hold his temper. The days passed and finally the boy was able to tell his father that all the nails were gone.

소년이 아버지에게 그 이야기를 하자
아버지는 이제 화를 참을 수 있는 날마다 못을 한 개씩 뽑으라고 제안했습니다.
날이 가고 마침내 소년은 아버지에게
못이 전부 없어졌다고 말할 수 있었습니다.

writing tutor suggested that the boy now pull out one nail... 부분을 보면 that절의 주어가 suggested와 시제일치를 시킨 pulled도 아니고 boy와 수 일치를 시킨 pulls도 아니네요. 그건 pull 앞에 should가 생략되어 있기 때문이에요. suggest, recommend와 같은 제안하는 의미의 동사 다음에 이어지는 that절의 동사는 '(should+) 동사원형'을 쓴답니다.

토막소설 둘 #5

아버지는 아들을 담장으로 데려가, 아들이 담장을 얼마나 망쳐놨는지 보여주시네요.

pick your words **이 표현들을 써주세요.**

- take by the hand 손을 잡다
- lead 데려가다
- fence 담장
- show 보여주다
- damage 피해

create your own 나만의 스토리, 다섯째 단락을 써보세요.

✓ 이제 이 책의 끝이 거의 보이는군요!
여기까지 해온 여러분이 정말 자랑스럽습니다!

check the sample story 원어민의 스토리입니다.

The father took his son by the hand and led him to the fence. He wanted to show his son the damage he had done to the fence.

아버지는 아들의 손을 잡고 울타리로 이끌었습니다.
아버지는 아들이 울타리에 낸 상처를 보여주고 싶었습니다.

• show A B A에게 B를 보여주다

writing tutor 첫 번째 문장의 take his son by the hand라는 표현은 여러 의미로 쓰일 수 있습니다. '~의 손을 잡다', '~를 보호해주다', '~의 손을 끌다'가 바로 그것인데요, 이 중에서 적절한 것을 찾아낼 수 있어야 하겠죠? 그러기 위해서는 사전을 활용해서 잘 알고 있던 단어도 꼼꼼히 살펴보고 공부해야 합니다. 특히 영영사전을 사용할 것을 권해드리고 싶은데요, '영어를 영어 그 자체로 받아들일 수 있는' 가장 좋은 도구가 바로 '영영사전'이기 때문입니다. 여기에 나오는 짧은 이야기를 영작하기가 어려운 분들은, 일단 샘플을 읽고 paraphrase(바꿔 쓰기)해 보세요. 그렇게 서서히 자신의 언어로 표현하는 습관을 기르면 어느새 라이팅은 여러분의 좋은 친구가 되어 있을 겁니다. 진짜라니까요~!! *^^*

토막소설 둘 #6

아버지는 상처 난 담장을 보여주어, 아들이 준 상처가 얼마나 아픈 흔적을 남기는지 알려주고자 했습니다.

pick your words 이 표현들을 써주세요.

- look at the holes 구멍들을 보다
- fence 담벼락
- in anger 화가 나서
- scar 상처
- wound 상처
- not to hurt 다치지 않게
- word 말

create your own 나만의 스토리, 마지막 단락을 써보세요.

✓ 시간이 없다고요? 이 책을 보고 있는 독자 여러분께는 해당되지 않는, 게으른 자의 변명일 뿐이겠지요?

check the sample story 원어민의 스토리입니다.

He said, "Look at the holes in the fence. When you say things in anger, they leave a scar just like this one. It won't matter how many times you say I'm sorry. The wound is still there. Remember not to hurt others with your words."

아버지는 말했습니다, "울타리에 난 구멍을 봐라.
네가 화가 나서 하는 말은 이것처럼 상처를 남긴다.
네가 아무리 미안하다고 해도 상관없지.
상처는 여전히 거기에 남아 있거든.
말로 다른 사람들에게 상처 주지 않도록 명심해."

writing tutor 라이팅을 잘할 수 있는 또 한 가지 방법을 알려드리겠습니다. 어떤 이야기나 지문을 읽었을 때, 그 글의 주제를 한번 정리해보는 겁니다. 이때는 자신의 언어로 표현할 수밖에 없고, 이런 과정을 통해 '독해능력'은 물론, 라이팅 실력이 향상될 수밖에 없습니다! ^^*

토막소설 셋 #1

자, 새로운 이야기가 시작되네요. 크리스마스 세일 기간, 신발 가게의 풍경이 그려집니다.

pick your words 이 표현들을 써주세요.

- famous department store 유명한 백화점
- Christmas sale 크리스마스 세일
- shoe department 신발 매장
- first day 첫날
- packed 꽉 찬

create your own 나만의 스토리, 첫째 단락을 써보세요.

✓ Rome was not built in a day!
로마는 하루아침에 이루어지지 않았죠?
영어 실력 역시 하루아침에 ~
어느 날 갑자기 좋아지는 게 아니랍니다.

check the sample story 원어민의 스토리입니다.

A famous department store was having a Christmas sale in its shoe department. As it was the first day of the sale, the shoe department was packed with shoppers.

유명한 백화점 신발코너에서 크리스마스 세일을 하고 있었습니다.
세일 첫날이었기 때문에, 신발 매장은 쇼핑객으로 붐볐습니다.

writing tutor 독자 여러분은 영타를 얼마나 빨리 칠 수 있나요? 컴퓨터가 생활의 도구가 되어 있는 것만큼이나 영어 실력도 이젠 기본입니다. 하지만 아직 많은 분들이 영어 타이핑에 약한 모습을 보이고 있는 것도 사실인데요, 작문을 연습하면서 이 책에만 써볼 것이 아니라, 한번 타이핑해 보세요. 이메일 친구(key pal이라고 하죠? ^^*)를 만들어서 어렵더라도 자꾸 영어를 쳐보는 거예요. 이때에는 MS-WORD를 이용하는 것이 매우 효과적입니다. 철자는 물론, 문장 형태가 이상한 경우에도 파란 줄로 표시해주기 때문이죠.

토막소설 셋 #2

신발 매장을 묘사하고 있네요. 어떤 모습일까요?

pick your words 이 표현들을 써주세요.

- many kinds 많은 종류
- display 진열
- intend 작정하다, 의도하다
- sell 팔다
- empty 비우다
- stock 재고품

create your own 나만의 스토리, 둘째 단락을 써보세요.

✓ Dreams come true! '영어 라이팅 완전정복'의 꿈은 〈Just Write It!〉 시리즈와 함께 이루어집니다!

check the sample story 원어민의 스토리입니다.

There were many kinds of shoes and boots on display. The store intended to sell as many shoes as possible. They wanted to empty their stock for the coming year.

여러 종류의 신발과 부츠가 진열되어 있었습니다.
매장에서는 가능한 한 많은 신발을 팔려고 했습니다.
그들은 다음해를 위해 재고를 없애길 바랐습니다.

writing tutor 이번에는 어휘를 효과적으로 활용하는 방법을 알려드리려고 합니다. 우리말도 그렇지만 영어에서는 한 단어에 너무나도 많은 뜻이 있죠? 앞서도 언급했지만, 이러한 단어들의 뜻을 가령 'empty = 텅 빈' 식으로 단순 암기해서는 영어실력을 향상시키기 어렵습니다. 뜻과 품사가 여러 개인 단어를 하루에 한 개만 고른 후, 가능하면 영영사전(너무 어렵다면 영한사전도 괜찮습니다.)에서 찾으세요. 그리고 거기에 나온 뜻뿐 아니라 예문을 주욱~ 노트 한쪽에 정리해보세요. 아마 놀랄 겁니다.
쉬운 단어 속에 담긴 알짜 의미를 적재적소에 활용할 수 있는 것이 진정한 영어실력입니다. 단순히 어려운 단어, 학문적인 용어를 쓴다고 해서 좋은 글이 될 수 없다는 것, 기억해두세요!

토막소설 셋 #3

세일 매장의 직원들은 항상 바쁘죠. 그때 한 손님이 등장했어요.

pick your words **이 표현들을 써주세요.**

- cashier 계산원
- lady shopper 여자손님
- bag 가방
- busy 바쁜
- say 말하다
- wear 신다
- at one moment 한순간에
- don't need 필요하지 않다
- buy 사다

create your own 나만의 스토리, 셋째 단락을 써보세요.

✓ Everybody, be ambitious!!
이왕 시작한 영어공부! 끝을 봐야겠죠? ^^*

check the sample story 원어민의 스토리입니다.

The cashiers were busy all day. At one moment, a lady shopper came to a cashier and said, “I don’t need a bag. I’m wearing the shoes I bought.”

계산원들은 하루 종일 바빴습니다.
한순간, 여자손님이 계산원에게 와서 얘기했습니다,
“난 쇼핑백은 필요 없어요. 내가 산 신발을 신고 있거든요.”

writing tutor 창조적인 글쓰기에서 중요한 또 한 가지는 뭘까요? 바로 독자들의 흥미를 유발 · 지속시킬 수 있어야 한다는 겁니다. 그러기 위해서 필요한 것이 바로 글의 매끄러운 흐름인데요. 모든 문장이 자연스럽게 연결되어야 하겠죠? 예를 들어, I have an exam tomorrow. I fell asleep.이라고 하면 뭔가 이상해요. 이럴 때 필요한 것이 바로 적절한 ‘연결어구’입니다. but, and, because, even if, however, therefore 등의 접속사를 적재적소에 사용해주는 것이 중요합니다. 즉, I have an exam tomorrow, but I fell asleep.이라고 씀으로써 보다 자연스러운 글이 될 수 있습니다.

토막소설 셋 #4

계산원이 그 여자손님에게, 신던 신발을 넣을 가방이 필요하느냐고 물었는데, 이 손님은 웬걸? 그 신발을 다른 사람에게 팔았다고 하네요.

pick your words 이 표현들을 써주세요.

- cashier 계산원
- reply 대답하다
- bag 가방
- old shoes 전에 신던 신발
- sell 팔다
- someone else 누군가 다른 사람

create your own 나만의 스토리, 넷째 단락을 써보세요.

✓ 훌륭합니다! 여기까지 꾸준히 해온 독자 여러분~!!
정말 칭찬받아 마땅합니다~!

check the sample story 원어민의 스토리입니다.

The cashier replied, "Do you need a bag to put your old shoes in?" The woman replied, "No, it's okay. I've just sold those to someone else."

계산원이 대답했습니다,
"헌 신발을 넣을 쇼핑백이 필요하세요?"
여자가 대답했습니다,
"아니요, 괜찮아요. 다른 사람에게 방금 팔았어요."

writing tutor 문장의 흐름에 대해 조금 더 이야기해볼까요? 독자의 관심을 유지하는 데 큰 역할을 하는 또 하나의 요소는 바로 '문장의 패턴' 입니다. 문장의 패턴을 다양하게 조정해서, 독자가 자연스럽게 글에 이끌리도록 하는 거죠. 무슨 말이냐고요? 항상 짧은 문장으로 된 글은 단조로운 느낌을 줄 위험이 있고, 항상 긴 문장을 쓸 경우 지나치게 지루한 느낌이 들 수 있습니다. 짧은 문장과 긴 문장을 적절히 섞어서 쓴다면, 자연스러운 흐름을 이끌어가는 데 큰 도움이 될 것입니다.

토막소설 넷 #1

새로운 이야기가 시작됩니다. 어느 가난한 화가가 길거리에서 거지들을 만나면서 벌어지는 이야기예요.

pick your words 이 표현들을 써주세요.

- one day 어느 날
- poor 가난한
- artist 화가
- go home 집에 가다
- people 사람들
- lousy 서투른
- although 비록 ~라고 하더라도
- heart of gold 비단결 같은 고운 마음씨
- walk home 집으로 걸어오다
- all 모든
- money 돈
- beggar 거지
- pass by 지나치다
- another 또 다른
- ask for 요청하다

create your own 나만의 스토리, 첫째 단락을 써보세요.

✓ 무슨 일을 하든 가장 중요한 건,
할 수 있다는 믿음입니다! 믿으시죠?

check the sample story 원어민의 스토리입니다.

One day, a poor artist was going home from the town center. People believed that although he was a lousy artist, he had a heart of gold. As he was walking home, he gave all his money to the beggars on the streets. Soon he passed by another beggar who asked him for money.

어느 날, 가난한 화가가 마을 중심가에서 집으로 가고 있는 중이었습니다.
사람들은 비록 그가 형편없는 화가였지만,
아름다운 마음씨의 소유자라고 생각했습니다.
집에 가다가 그는 거리에 있는 거지들에게 돈을 전부 주었습니다.
곧 그는 돈을 구걸하는 또 다른 거지 옆을 지나갔습니다.

• town center 마을 중심부

writing tutor a heart of gold는 '아름다운 마음씨'란 뜻이에요. of gold가 heart를 수식하는 거죠. 다른 예로 a man of knowledge는 '학식이 높은 사람', a man of ability는 '능력 있는 사람'이란 뜻이에요. 여기서 배운 표현만 해도 정말 많죠? 그냥 머릿속에만 두지 말고 자꾸 꺼내서 써보도록 하세요.

토막소설 넷 #2

이 화가가 수중에 돈이 하나도 없다는 걸 잊어버린 채, 거지에게 함께 점심을 먹자고 식당에 데려갔네요.

pick your words **이 표현들을 써주세요.**

- forget 잊다
- no more money 더 이상 돈이 없는
- join 함께하다
- restaurant 식당
- end of the meal 식사의 끝
- could not pay 지불할 수 없었다
- bill 계산서
- beggar 거지

create your own 나만의 스토리, 둘째 단락을 써보세요.

✓ 노력을 사랑하는 여러분이 아름답습니다!

check the sample story 원어민의 스토리입니다.

The artist forgot that he had no more money and asked the beggar to join him for lunch at a restaurant. At the end of the meal, the artist could not pay the bill, so the beggar had to do so.

화가는 더 이상 돈이 없다는 것을 잊고
점심을 같이 먹자고 거지에게 청했습니다.
식사 끝에, 화가는 계산을 할 수 없어서 거지가 해야 했습니다.

writing tutor 잠시 현재 영어의 경향에 대해서 살펴보려고 합니다. 우리말도 인터넷 등의 발달로 급속하게 변화하고, 심지어는 문법, 어법 등의 '파괴 현상'이 비일비재하게 일어나고 있는데요, 이러한 현상은 영어에서도 크게 다르지 않습니다. 우리가 흔히 문법 시간에 배우는 '3인칭 단수 현재시제일 때는 동사에 -s를 붙인다'는 법칙은 흔히 무시되고 있고, I의 소유격 형태인 my 역시 특히 구어체에서는 거의 사라지는 현상을 볼 수 있습니다. you를 u로 쓰는 것은 이제 거의 일반적이고, though는 thou로, thanks/thank you는 tx로 특히 사적인 대화나 편지, 채팅에서는 매우 빈번하게 사용되고 있습니다. 여기서 독자 여러분께 당부드리고 싶은 것은, 이러한 파괴 현상이 어떻게 일어나고 있는지를 눈여겨보되, 사용하지는 마십시오. 일단 저를 비롯한 독자 여러분이 원어민이 아니기 때문이고, 무엇보다 어느 누가 읽었을 때도 아무런 문제가 없게 쓰는 것이 중요하기 때문입니다.

토막소설 넷 #3

흠, 거지가 밥값을 내자, 이 화가는 함께 택시를 타고 자기 집으로 가서 그 돈을 갚으려고 하는군요. 거지는 택시비까지 내기는 싫다며 그냥 가버리고 말았습니다.

pick your words **이 표현들을 써주세요.**

- feel 느끼다
- situation 상황
- come home 집에 오다
- taxi 택시
- pay back 돈을 갚다
- beggar 거지
- no thanks 고맙지만 사양하다
- pay for ~의 값을 치르다

create your own 나만의 스토리, 셋째 단락을 써보세요.

✓ 이 책을 끝까지 다 본 순간,
영어 라이팅은 여러분의 것입니다.

check the sample story 원어민의 스토리입니다.

The artist felt very bad about the whole situation. So he said, "Come home with me in a taxi, my friend. And I will pay you back the money for lunch."

The beggar replied, "No thanks, I paid for your lunch. I'm not going to pay for your taxi home, too!"

화가는 그 모든 상황에 매우 마음이 안 좋았습니다.
그래서 말했습니다,
"택시 타고 나와 함께 집에 갑시다, 형씨. 그러면 점심 값을 갚겠소."
거지가 대답했습니다,
"됐소, 내가 당신 점심값을 지불했잖소.
택시비까지 내진 않을 거요."

writing tutor 세 번째와 네 번째 토막소설을 보고 어떤 생각이 들었나요? 뭔가 이야기가 진행되다가 만 것 같기도 하고, 원어민이 왜 이런 글을 썼는지 잘 이해되지 않기도 하죠? 그것은 바로 상황에 대한 적절한 설명 및 묘사가 부족했기 때문입니다. 비록 지어내는 '이야기'이지만, 어느 정도 현실성과 문장 및 소재들의 개연성이 있어야 좋은 글이라고 할 수 있습니다.

토막소설 다섯 #1

이번에는 예쁘지만 조금 어리석은 아가씨가 은행에 가면서 이야기가 시작됩니다.

pick your words 이 표현들을 써주세요.

- attractive 매력적인
- dress 옷을 입다
- pretty clothes 예쁜 옷
- a lot of make-up 진한 화장
- popular 인기 있는
- guy 남자
- however 그러나
- silly 어리석은
- bank 은행
- cash a check 수표를 현금으로 바꾸다

create your own 나만의 스토리, 첫째 단락을 써보세요.

✓ 항상 새로 시작하는 마음으로 이 책을 보세요! *^^*

check the sample story 원어민의 스토리입니다.

Mary was a very attractive girl. She always dressed in pretty clothes and put on a lot of make-up. She was also very popular among guys. However, she was a little silly. One day she went into a bank to cash a check.

메리는 아주 매력적인 아가씨였습니다.
그녀는 항상 예쁜 옷을 입고 화장을 많이 했습니다.
그녀는 또한 남자들에게 인기가 매우 많았습니다.
하지만, 그녀는 좀 어리석었습니다.
어느 날 그녀는 수표를 현금으로 바꾸려고 은행에 갔습니다.

• put on make-up 화장하다

writing tutor 또 잔소리 좀 하겠습니다. 창조적인 글쓰기는 모방에서부터 출발합니다. 우선 제시된 표현들을 최대한 활용해 자신만의 글을 써보고, 샘플로 나온 글을 참고해보세요. 그리고 멋진 표현이 있으면 꼭 하루에 한두 개씩 자신의 것으로 만드세요. 혹시 영어회화 학원에 나가고 있는 분이 있다면, 이렇게 익힌 표현을 적당히 때를 봐서 사용해보는 것이 매우 중요합니다. 이렇게 자꾸 말해봄으로써 회화 능력도 늘릴 수 있고, 자연스럽게 라이팅 능력도 좋아질 테니까요.

토막소설 다섯 #2

바보 같은 메리, 신분증을 보여달라는 은행직원에게 거울을 들여다보고는 "이게 나예요"라고 말하네요.

pick your words **이 표현들을 써주세요.**

- bank teller 은행 창구직원
- familiar 익숙한
- identify yourself 신원을 확인하다
- never 결코 ~아닌
- before 전에
- handbag 핸드백
- say 말하다
- puzzled 당황한
- mirror 거울

create your own 나만의 스토리, 둘째 단락을 써보세요.

✓ 꾸준한 노력을 당할 수 있는 자, 이 세상 어디에도 없습니다.
여러분이 그런 사람이 되세요!

check the sample story 원어민의 스토리입니다.

The bank teller was not familiar with Mary, so he asked her to identify herself. Mary had never been asked to do this before, so she was puzzled. But she took her mirror out of her handbag, looked at it, and then said happily, "Yes, it's me."

은행직원은 메리를 잘 알지 못해서 그녀에게 신원확인을 해달라고 요청했습니다.
메리는 이런 일을 요청받아본 적이 없어서 당황했습니다.
하지만 그녀는 핸드백에서 거울을 꺼내서 들여다 보았습니다.
그러고 나서 행복하게 말했습니다. "예, 이게 바로 나예요."

writing tutor 글을 쓰다보면, 뭔가 다른 표현을 써보고 싶은데, 잘 생각나지 않을 때가 많습니다. 이럴 때 사용할 수 있는 사전이 바로 thesaurus입니다. 한 단어의 '유의어' 및 '반의어'를 모아놓은 사전인데요, 이 사전을 활용해서 다양한 어휘를 사용해보는 겁니다. 어휘 실력이 쑥쑥 늘어난다면, 라이팅을 하면서 막히는 부분이 조금은 시원하게 뚫릴 겁니다. 대형 서점에 가면 이런 사전을 쉽게 구할 수 있고, 요즘은 인터넷 포털 사이트에서도 서비스가 제공되니 가능한 한 열심히 활용해보세요.

토막소설 여섯 #1

구두쇠로 살며 악착같이 돈을 모았지만, 암에 걸려버린 어떤 남자에 대한 이야기예요.

pick your words **이 표현들을 써주세요.**

- man 남자
- work hard 열심히 일하다
- save up 모으다
- fortune 큰 재산
- greedy 탐욕스러운
- miser 수전노
- unfortunately 불행하게도
- cancer 암

create your own 나만의 스토리, 첫째 단락을 써보세요.

✓ 이제 단 두 개의 unit만이 남았습니다.
여러분들 정말 대단합니다! *^^*

check the sample story 원어민의 스토리입니다.

There was a man who worked hard all his life and saved up a huge fortune. Not only was he greedy, but he was a miser as well. Unfortunately, he found out he had cancer and didn't have long to live.

평생 동안 열심히 일해서 엄청난 재산을 모은 한 남자가 있었습니다.
그는 탐욕스러웠을 뿐만 아니라 구두쇠이기도 했죠.
불행하게도, 그는 암에 걸려 얼마 못 산다는 것을 알게 되었습니다.

• find out 발견하다, 알다

writing tutor 두 번째 문장 Not only was he greedy, but he was a miser as well.에서 보면 not only에 이어 he was가 아니고, was he 라고 나왔습니다. 이렇게 not only ... but also(또는 as well)에서 not only가 맨 앞에서 문장을 꾸며줄 때는 주어와 동사의 자리가 바뀝니다. 이때 서술어 형태가 be동사일 때는 여기서처럼 not only was he...라고 쓰면 되지만, 일반동사일 경우에는 'not only does he 일반동사' 로 쓰게 됩니다. 글을 잘 쓰기 위해서는 결국 문법도 하나의 필수적인 요소입니다. 지나치게 문법 공부만을 강조해온 것이 문제이기는 하지만, 단순히 법칙적인 부분으로 암기하는 것이 아니라, 이처럼 실제로 써보고 활용할 수 있는 방식으로 배운다면, 문법을 하나하나 익혀가는 것도 영어를 공부하는 재미가 될 것입니다!

토막소설 여섯 #2

너무도 자신의 돈을 아꼈던 이 구두쇠, 죽을 때 돈과 함께 묻어달라고 부인에게 부탁했다는군요!

pick your words 이 표현들을 써주세요.

- wife 부인
- money 돈
- casket 관
- bury 묻다
- her friend 그녀의 친구
- ask 부탁하다
- put money 돈을 넣다
- account 계좌
- write him a check 그에게 수표를 써주다

create your own 나만의 스토리, 둘째 단락을 써보세요.

✓ 이제 여러분의 작문실력이 얼마나 늘었는지 느낄 수 있지요?
지금까지 정말 수고 많으셨습니다! 축하드립니다!

check the sample story 원어민의 스토리입니다.

He told his wife to put all of his money in his casket when he died. He wanted to be buried with all of his money. When he died, his wife put a box into his casket and buried him. When her friend asked her if she really put the money in the casket, she said, "Yes, I put all his money in my account and wrote him a check."

그는 아내에게 자기가 죽으면 돈을 전부 자기 관에 넣으라고 말했습니다.
그는 자기 돈 전부와 함께 묻히길 원했던 겁니다. 그가 죽었을 때,
그의 아내는 그의 관에 상자 한 개를 넣고 그를 묻었습니다.
그녀의 친구가 그녀에게 관에
돈을 정말 넣었느냐고 묻자, 그녀는 말했습니다,
"응, 난 내 계좌에 그이 돈 전부를 넣었고 그이에게는 수표를 써줬어."

writing tutor 언어의 4가지 요소! 모두들 아시죠? 바로 듣기, 말하기, 읽기, 쓰기죠, 이것은 소위 input과 output의 범주로 분류할 수 있습니다. input은 '듣기와 읽기' 이고, output은 '말하기와 쓰기' 입니다. 우리나라 사람들이 특히 output에 약하죠. 흔히 회화시간이면, 선생님의 질문에 대답하지 않는 경우를 많이 볼 수 있는데요. 이러한 소극적인 자세로는 결코 영어실력을 향상시킬 수 없다는 것, 단호하게 말씀드립니다. 지금 학원에 다니고 있거나, 혹은 학생 신분으로 영어를 배우고 있다면, 되도록 선생님을 많이 괴롭히세요! 질문을 하면 아는 만큼 대답하고, 열심히 생각해보고, 열심히 말하고, 또 써서 교정받고, 이러한 과정을 통해서 여러분은 결국 '라이팅'뿐 아니라, '영어의 고수' 가 될 수 있을 겁니다.

끝까지
수고하셨습니다
파이팅!

| 마 치 며 |

고민 많이 했다. 과연 어떻게 하면 우리가 영어로 글쓰기를 좀더 쉽게 독자들에게 전달해줄 수 있을까?
답은 간단했다. 〈3030English〉에서 본인 김지완이 했던 것처럼 체험 학습보다 좋은 것은 없다는 결론에 도달하게 되었다. 다시 말해, 독자들이 우리의 설명을 약간 듣고서 바로 써보는 것이었다.

자전거를 타보지 않고서는 탈 수 없듯이, 또 그 누구도 넘어지지 않고는 자전거를 배울 수 없듯이, 영어로 글쓰기도 본인이 직접 써봐야지만 또 실수를 직접 거듭해 봐야지만 할 수 있는 것이다.

"글은 써봐야 쓸 수 있고 말은 해봐야 할 수 있다."

이것은 간단한 진리다.
하지만 아직도 이 간단한 진리를 모른 채 혼자 흥에 겨워 지겨운 설명만 늘어놓는 선생님들도 많이 계신 것 같다.

Just do it!!!

어린 시절 우리는 이것을 알았기에 너무 쉽게 언어를 배웠다.
다시 어릴 적 기억을 되살려보자.

김지완, 김영욱

CARTE POSTALE

pondance

gers n'acceptent pas la

o, se renseigner à la Poste

Adresse

E

ADRESSE

CARTE P

Ce côté est exclusivemen